Encontrarás los recursos digitales y el formato digital del libro en

ecasals.net/religion4eso

4

ESO

J. Aranguren
R. Amo
L. Fabregat
M. Á. García Mercado
J. F. Vaquero

NUEVA EVANGELIZACIÓN

Casals

ÍNDICE

Unidades	Voy a las fuentes CA CL	Contenidos CL CA CS CC	Fe y vida CL CS CC	Fe y cultura CL CS CC	Mejora tus competencias CA CL
Bloque 1. El sentido religioso del hombre					
1 **La búsqueda de sentido: la religión** p. 4	La oración de Jesús por la unidad CS	**Interpretamos** La búsqueda del sentido de la vida Las religiones monoteístas **Síntesis** **Si me preguntan, qué respondo** **Actividades**	¿Qué sentido tiene mi vida? Vittorio Messori CD	El espíritu de Asís	Análisis y reflexión sobre la búsqueda del sentido último de la vida a partir de un testimonio. CD CS Reflexión sobre las relaciones interreligiosas y el espíritu de Asís. CS
2 **La Revelación de Dios** p. 20	Dios se revela en la historia	**Interpretamos** La búsqueda humana de sentido Dios se da a conocer El valor salvífico de las religiones **Síntesis** **Si me preguntan, qué respondo** **Actividades**	El sí de un joven rico. Francisco de Borja	Utopías CM	Redacción sobre diferentes maneras de relacionarse con Dios a partir de un testimonio. Creación de un lema y una imagen publicitaria que exprese el espíritu de las Bienaventuranzas. CS
Bloque 2. La Revelación: Dios interviene en la historia					
3 **Dios, rico en amor y en fidelidad** p. 32	Haced lo que él os diga CS	**Interpretamos** La fidelidad de Dios Un Dios que se compromete **Síntesis** **Si me preguntan, qué respondo** **Actividades**	La fidelidad de los mártires CA	El regreso del hijo pródigo CA	Investigación sobre el acta de un mártir y exposición oral en el aula. CC Reflexión sobre la paternidad de Dios a partir del análisis de una obra de arte. CC
4 **Dios es compasivo y misericor-dioso** p. 44	La pasión y muerte de Jesús	**Interpretamos** Necesitamos consuelo y esperanza La búsqueda de consuelo y esperanza Jesús es el Siervo de Yahvé **Síntesis** **Si me preguntan, qué respondo** **Actividades**	Cartas desde el infierno. Pablo Le-Bao-Thin CD	El Cristo de Grünewald CI	Reflexión sobre la solidaridad de Jesús con el sufrimiento humano a partir de un testimonio. CS Investigación sobre la devoción del vía crucis. CI
Bloque 3. Jesucristo, el cumplimiento de la historia de la Salvación					
5 **La comunidad de los discípulos de Cristo** p. 56	«Yo soy la vid»	**Interpretamos** El inicio de la vida pública de Jesús La comunidad de los discípulos El anuncio del Reino de Dios El Reino de Dios y la Iglesia El estilo de los discípulos de Cristo La Iglesia, Pueblo de Dios **Síntesis** **Si me preguntan, qué respondo** **Actividades**	Los misioneros	Los bienes de la Iglesia	Realización de un reportaje sobre la labor de una misionera o un misionero en la actualidad. CS CC Investigación y estudio de las fuentes de financiación de una diócesis española y los fines a los que destina sus recursos. CS
Bloque 4. Permanencia de Jesucristo en la historia: la Iglesia					
6 **Una nueva forma de vivir y amar** p. 68	Jesús, perfecto Dios y perfecto hombre CL	**Interpretamos** Cristo, plenitud de la humanidad «Tened los sentimientos propios de Cristo» El matrimonio, signo de la presencia de Cristo **Síntesis** **Si me preguntan, qué respondo** **Actividades**	Gilbert y Frances	Cuando el cine refleja la belleza del matrimonio CD	Análisis sobre el testimonio de una conversión. CC Realización de un cinefórum a partir de unas escenas de la película *Up*. CD

Unidades	Voy a las fuentes CA CL	Contenidos CL CA CS CC	Fe y vida CL CS CC	Fe y cultura CL CS CC	Mejora tus competencias CA CL
7 **La Iglesia, al servicio de la verdad** p. 82	El amor a la verdad	**Interpretamos** Nunca dejamos de aprender Jesús, Maestro La Iglesia al servicio de la verdad La responsabilidad de la verdad **Síntesis** **Si me preguntan, qué respondo** **Actividades**	Creados para la verdad y el bien. San Juan Pablo II	Iglesia, verdad y medios de comunicación CD	Investigación sobre la vida de San Juan Pablo II. CC CS Investigación sobre los viajes apostólicos del papa Francisco. CC CS
8 **La civilización del amor** p. 96	La familia de Jesús	**Interpretamos** El cielo en la Tierra Fecundar la sociedad con el Evangelio La sociabilidad humana La familia, célula base de la sociedad La misión del cristiano **Síntesis** **Si me preguntan, qué respondo** **Actividades**	«No descanses mientras haya un dolor que mitigar». Alberto Hurtado	La Iglesia y el trabajo CD	Investigación de una noticia que verse sobre un contenido de la unidad y su valoración a la luz de la Doctrina Social de la Iglesia. CI CS Realización de un debate sobre la dignidad del trabajo a partir del visionado de escenas de la película *Tiempos modernos*. CD CS
Anexo 1 p. 111	**¿Cómo se cita la Biblia?**				
Anexo 2 p. 113	**Abreviaturas**				
Anexo 3 p. 117	**Vocabulario**				

COMPETENCIAS

- CL Comunicación lingüística
- CM Competencia matemática y competencias básicas en ciencia y tecnología
- CI Sentido de iniciativa y espíritu emprendedor
- CD Competencia digital
- CA Aprender a aprender
- CS Competencias sociales y cívicas
- CC Conciencia y expresiones culturales

ACTIVIDADES

- Avanzada
- Reto

1 La búsqueda de sentido: la religión

interpretamos

1. ¿Cuántas religiones conoces?
2. ¿Sabes qué tienen en común todas ellas?
3. ¿En qué se diferencia el cristianismo de otras religiones?

voy a las fuentes

PDF Jn 17, 1-26

La oración de Jesús por la unidad

1. La búsqueda del sentido de la vida

1.1. Las religiones

Cuando el ser humano se vuelve sobre sí mismo, descubre dentro de su alma el sentido del bien moral, la voz de la conciencia, su aspiración a la felicidad, y un anhelo de espiritualidad y de inmortalidad que no se sacia con una existencia puramente material (CEC, n.º 33).

Además, la razón humana no puede dejar de preguntarse sobre el origen del mundo. Este universo, que goza de un orden maravilloso y de una grandeza y belleza sin fin, no puede ser fruto del azar, sino que ha de tener su origen en un diseñador magistral de poder infinito al que llamamos Dios.

Cada persona, dependiendo de su modo de ser y de su cultura, busca responder a ese íntimo deseo de Dios. Todos los seres humanos emprendemos esta búsqueda, aunque muchas veces lo hacemos por caminos diferentes.

Las religiones son la respuesta privilegiada del hombre a ese deseo innato de Dios, al que descubre por las «huellas» que ha dejado en la Creación y en la misma conciencia del ser humano. Esta necesidad de Dios, presente en todas las épocas, ha dado lugar a la inmensa multiplicidad de religiones.

Mediante la religión, el ser humano se relaciona con Dios. Para alabarlo, para implorar su protección o agradecer sus dones, se dirige a él mediante ritos, ofrendas y sacrificios; descubre lugares en los que se siente más próxima su presencia, escribe sus creencias, etcétera.

La palabra *religión* procede del latín *religio* o *religare* (religar o revincular) ya que nos vuelve a unir a Dios, del que estábamos separados. En general, se puede definir como la expresión, por parte de una persona o de un colectivo, de una actitud de reconocimiento de nuestra dependencia existencial respecto a la realidad suprema.

info

Acabar con la religión

Desde 1917, en la antigua Unión Soviética, la religión estuvo perseguida sistemáticamente durante décadas. Miles de cristianos ortodoxos fueron encarcelados o ejecutados. Todas las iglesias se cerraron. Se ridiculizaba la religión. En las escuelas se inculcaba el ateísmo. La misma idea de Dios tenía que desaparecer de la sociedad. ¿Se consiguió? Actualmente, el 73 % de los rusos se declara ortodoxo; el 6 %, musulmán y casi el 20 %, no creyente.

Catedral ortodoxa de San Basilio en la Plaza Roja de Moscú (Rusia).

actividades

1. Indica cuáles de los siguientes enunciados son verdaderos y corrige los falsos.
   a Han existido momentos en la historia de la humanidad en los que no ha habido actividad religiosa. **b** La razón humana no puede dejar de preguntarse sobre el origen del mundo. **c** La religión es un intento del ser humano de escapar de una realidad adversa.
2. CC ¿Es el ateísmo una actitud natural en el ser humano? Razonad vuestra respuesta.
3. CA Busca en Internet la declaración *Nostra aetate* y lee el epígrafe n.º 2. A continuación, anota en tu cuaderno la actitud de la Iglesia católica frente a otras religiones.

1.2. Elementos comunes en las religiones

En las diversas manifestaciones religiosas, se pueden descubrir unos elementos comunes:

- **El reconocimiento de la existencia de una realidad suprema.** Es la creencia en un ser que está por encima de todo de un modo absoluto. En las religiones primitivas, se trata de las fuerzas de la naturaleza; en la tradición hindú, del brahmán o el absoluto; en las religiones orientales es el principio llamado Tao; en las religiones monoteístas, se trata de un Dios personal que se ha manifestado a los hombres.
- **Las manifestaciones de la divinidad.** Todas las religiones descubren signos o muestras de la presencia y de la acción de la divinidad. Muchas veces se concretan en la grandeza de los elementos de la naturaleza; otras, en acontecimientos y personajes de la historia como ocurre principalmente en las tres grandes religiones monoteístas. También es frecuente encontrarlos en textos sagrados o en determinados acontecimientos de la vida.
- **La actitud religiosa.** La persona creyente reconoce su dependencia respecto a ese ser supremo, al que debe la existencia y del que espera alcanzar una definitiva liberación del mal o Salvación. Por eso quiere agradar a la divinidad mediante su forma de vida y sus actos de culto o de adoración.
- **Las expresiones de la actitud creyente.** Toda actitud religiosa interior se manifiesta también exteriormente. En todas las religiones están presentes los ritos, las ceremonias y los lugares de culto, los días o los tiempos dedicados a Dios, prescripciones morales, objetos sagrados y personas dedicadas plenamente al servicio de la divinidad.

info

El monoteísmo

El término monoteísmo se utiliza para designar la creencia en la existencia de un solo Dios que es eterno y que trasciende el mundo: es el Creador de toda la realidad y se ocupa de ella. El monoteísmo es incompatible con el politeísmo —la creencia en la existencia de varios o muchos dioses— y con el panteísmo —que identifica la totalidad del universo con el único Dios—.

Un asceta *(sadhu)* o monje indio. Los ascetas renuncian a todo lo material y terrenal, en el camino para alcanzar la iluminación.

actividades

4. CC Observa el mapa de las religiones e indica cuáles son las tres religiones que están más extendidas en el mundo.

5. CC CD Investiga y señala a qué elemento común y a qué religión o religiones se adscribe cada uno de los siguientes hechos y actitudes.

a Pinturas rupestres.
b Torá.
c Libro de los muertos.
d La creencia en la reencarnación de las almas.
e Partenón.
f Dharma.
g Rabino.
h Tawaf.
i Zeus.
j Bar Mitzvá.
k Shemá Israel.
l Zigurat.
m Alá.
n Moisés.

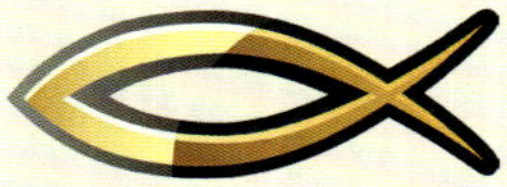
Cristianismo

Sintoísmo

Judaísmo

Hinduismo

Taoísmo

Islamismo

Sijismo

Bahaísmo

	MILLONES DE PERSONAS
Cristianismo	1 900
Islamismo	1 050
Hinduismo	764
Budismo	350
Ateísmo	240
Religiones de China y Japón	160
Religiones nuevas	130
Religiones animistas	110
Otras religiones	50
Judaísmo	13,5

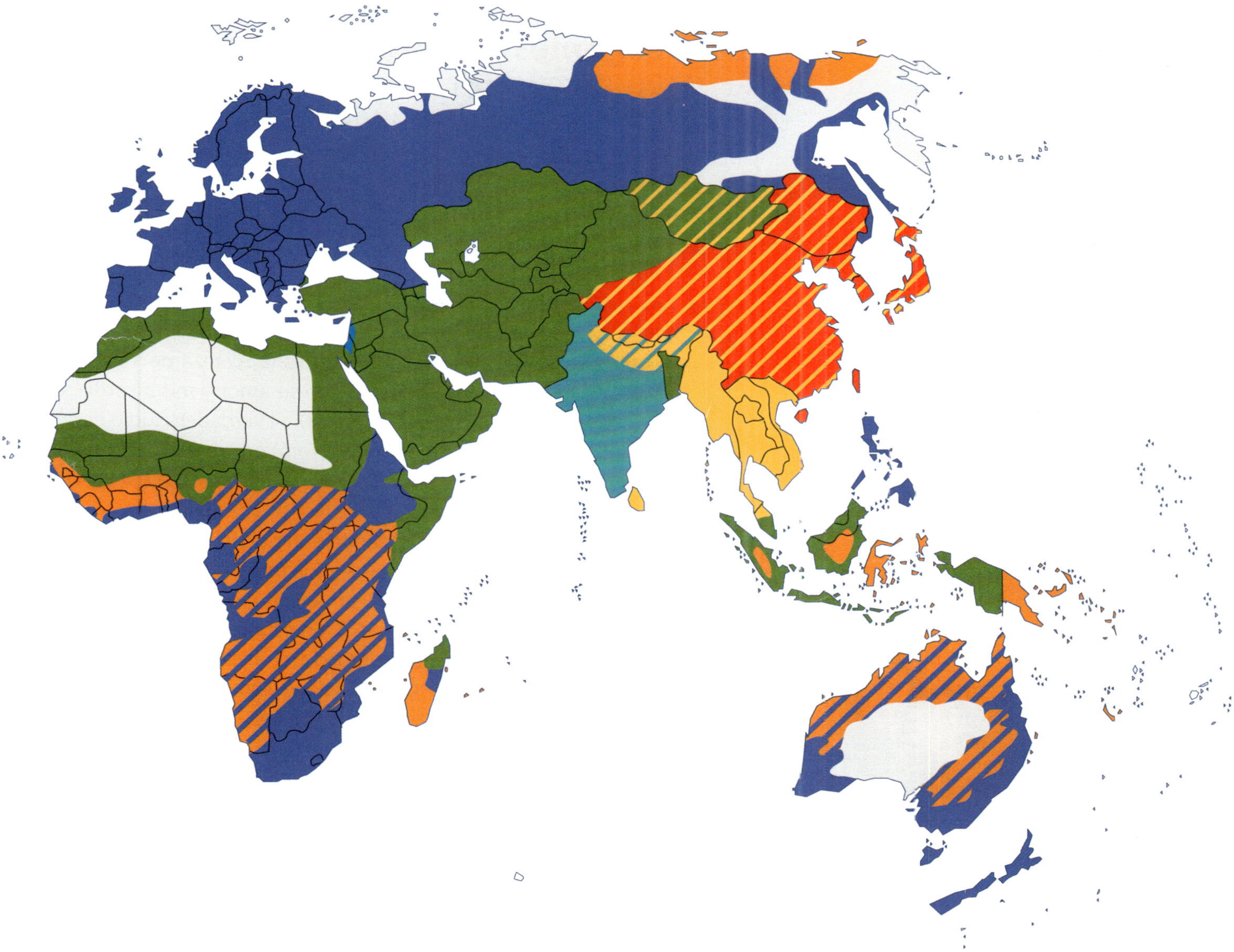

Religiones en el mundo
(porcentajes)

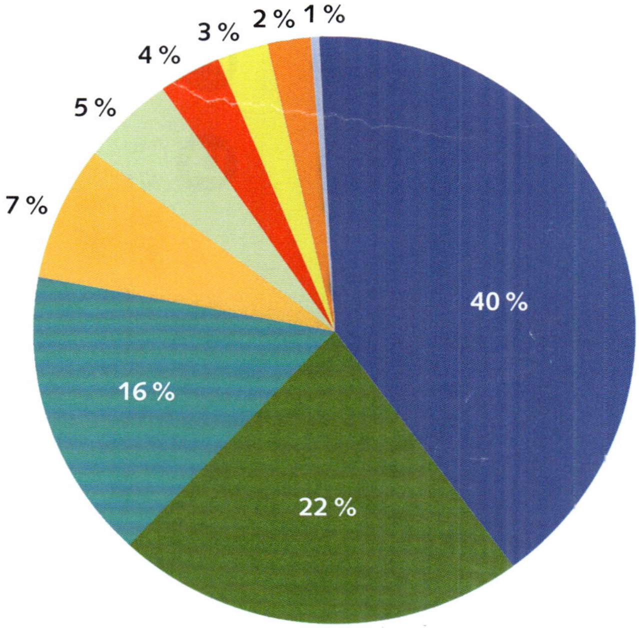

2. Las religiones monoteístas

2.1. El judaísmo

Se llama judaísmo, en primer lugar, a la religión del **pueblo de Israel** y, en segundo lugar, a la cultura, las instituciones y las tradiciones de este pueblo. El pueblo de Israel está formado por la descendencia de **Abraham,** patriarca del Antiguo Testamento.

Se trata de una religión que, a lo largo de la historia, ha tenido un desarrollo complejo. Su inicio y sus primeras épocas se narran en la **Biblia.** Pero, más allá de los avatares históricos, el centro del judaísmo es la Alianza de **Yahvé*** con el pueblo. La Alianza, iniciativa de Dios y fruto de su amor y misericordia, está destinada *a todas las familias de la tierra* (Gén 12, 3). El verdadero judío es aquel que acepta y cumple la **ley de Moisés.** Esta Ley (Torá) encuentra su fundamento en el monoteísmo: *El Señor es nuestro Dios, el Señor es uno solo* (Dt 6, 4).

La forma actual del judaísmo se fue cristalizando entre el siglo VI a. C. —al regreso a Jerusalén desde del exilio en Babilonia— y los primeros siglos del Imperio romano —tras la destrucción de su único lugar de culto: el templo de Jerusalén (70 d. C.)— y el exilio de los judíos (135 d. C.). En esta última época, el cristianismo, del que el judaísmo es antecedente inmediato, iniciaba su expansión. En este período, las **sinagogas** y una liturgia renovada sustituyeron al culto y a los sacrificios que se practicaban en el templo de Jerusalén.

Durante la Edad Media y la Edad Moderna, los judíos fueron expulsados de diversas naciones. Con estos movimientos, se fue variando y enriqueciendo el culto, aunque siempre mantuvo una importante homogeneidad. En la Edad Contemporánea, en Europa, se recrudeció el antisemitismo, hasta alcanzar su culmen en el holocausto nazi.

info

Los judíos, hoy

En la actualidad, existen unos 14 millones de judíos repartidos entre el Estado de Israel y un gran número de naciones. Estos judíos practican su religión en diversas corrientes: desde un judaísmo más reformista que se ejerce solo como identidad cultural o de gran libertad en la interpretación de los preceptos y escritos religiosos, hasta el ortodoxo, en el que la doctrina es unitaria y su práctica especialmente devota.

vocabulario

Yahvé: nombre con el que los judíos del Antiguo Testamento se refieren a Dios. Dios mismo se denomina así en la Biblia (Éx 3, 14). Su sentido original en hebreo es 'Yo soy el que es y el que estará contigo'. Lo consideraban el nombre más sagrado y muestra la conciencia que el Pueblo de Israel tiene de la cercanía y cuidado de Dios para con ellos.

Las tres grandes religiones en el mundo.

Tradición y modernidad. Escenas de *El violisnista en el tejado.*

actividades

6. **Ordena cronológicamente los siguientes acontecimientos históricos relacionados con la historia del pueblo judío.**

   a Dios elige a Abraham y sella una Alianza con él y su descendencia. **b** Los romanos destruyen el templo de Jerusalén. **c** Holocausto nazi. **d** Expulsión de los judíos de diversas naciones europeas en la Edad Moderna. **e** Exilio en Babilonia.

7. **Señala las respuestas correctas. El verdadero creyente judío...**

   a es descendiente del patriarca Abraham. **b** acepta y respeta la ley de Moisés. **c** es ciudadano del Estado de Israel. **d** cree en la existencia de un solo Dios. **e** cree que Dios se ha revelado.

Las creencias de la religión judía. Las creencias del judaísmo y su proyecto para el ser humano se basan en la Revelación de Dios al pueblo de Israel, que se recoge en la **Biblia hebrea** o **Tanak** (corresponde, con salvedades, el Antiguo Testamento cristiano).

El judaísmo.

Enseñanzas
1. **Monoteísmo** absoluto: Dios, Yahvé en hebreo, 'es el que es'. 2. El mundo es **Creación de Dios.** 3. El ser humano rompió con Dios por el **pecado de Adán y Eva** en el paraíso. Pero la revelación de Dios no fue interrumpida por este pecado. 4. Son descendientes del elegido de Dios, el patriarca Abraham. 5. Dios propone a Israel por medio de Moisés la **Alianza** con él en el monte Sinaí y le entrega la **Torá** (es decir, las enseñanzas y mandatos divinos o la ley mosaica). 6. Esperan la llegada de un **Mesías** que los redimirá, como afirmaron los **profetas.** 7. Con la llegada del Mesías, habrá un **juicio universal** en el que Dios retribuirá a cada uno según sus obras. 8. Los preceptos bíblicos recogidos en el **Tanak** se explicaron oralmente y se recogieron por escrito en la Mishná, que también comentan los maestros en el Guemará. Estos dos compendios forman el **Talmud.**

Comportamiento y culto
1. **Adorar a Dios** en toda ocasión. 2. **Cumplir fielmente la Torá,** la ley que Dios dio a Moisés en el Decálogo. 3. Asistir a la **sinagoga** los sábados, para rezar y escuchar la Palabra de Dios. 4. Llevar una **vida laboriosa,** justa, honrada y familiar. 5. **Rezar** tres veces al día. 6. Guardar las **fiestas** religiosas que recuerdan la ayuda de Dios a Israel.

Los cristianos hemos recibido el Antiguo Testamento de los judíos.

actividades

8. ¿A qué se refiere cada definición?

a Congregación religiosa o casa en la que se reúnen los judíos para rezar y proclamar su doctrina. **b** Patriarca al que Dios propone su Alianza en el monte Sinaí. **c** Recopilación escrita de comentarios de maestros judíos a la Torá. **d** Cinco primeros libros del Tanak que recogen el núcleo más sagrado del judaísmo. **e** Día sagrado de la semana judía.

9. CL Resume en tres líneas el proyecto de Dios para el ser humano en la religión judía.

10. CA San Juan Pablo II llamó a los judíos «nuestros hermanos mayores» y Benedicto XVI dijo de ellos que son «nuestros padres en la fe». ¿Podrías explicar el significado de esas denominaciones para los cristianos?

2.2. El cristianismo

La esperanza del pueblo judío en el **Mesías** se ha realizado en **Jesucristo:** *En muchas ocasiones y de muchas maneras habló Dios antiguamente a los padres por los profetas. En esta etapa final, nos ha hablado por el Hijo* (Heb 1, 1-2).

A lo largo del Antiguo Testamento, Dios fue comunicando su palabra al pueblo de Israel que, con la ayuda de los profetas, fue comprendiendo cada vez mejor la manera de obrar del Señor con los seres humanos. Esta condescendencia de Dios hacia los hombres se cumple de manera insuperable con la **Encarnación del Verbo.** «Para llevar a cabo nuestra Salvación, el Hijo de Dios se ha hecho carne, haciéndose verdaderamente hombre» (Compendio del CEC, n.° 86).

La labor de los **discípulos y seguidores de Jesús de Nazaret** hizo posible que, en menos de 400 años tras su muerte, el Evangelio, la palabra divina, hubiera llegado a casi todos los rincones del mundo conocido. Sin embargo, unos siglos después, la unidad inicial se fue resquebrajando: del **Cisma de Oriente** (1054) nació la Iglesia ortodoxa, separada de la católica; de la **Reforma protestante** (siglo XVI) surgieron el luteranismo, el calvinismo y la Iglesia anglicana, junto a otros grupos.

info

Judaísmo y cristianismo

El cristianismo está unido al judaísmo por su origen y una rica herencia común. La historia de la Alianza con Israel, la confesión de un solo Dios que se revela en esa historia, la esperanza en Dios que viene y en su Reino futuro, son creencias comunes a judíos y cristianos.

En la actualidad, unos 1 800 millones de personas, reunidas en diversas confesiones, profesan el cristianismo: la **Iglesia católica** (más de 1 000 millones), la **Iglesia ortodoxa** (300 millones), las **Iglesias protestantes** (360 millones), la **Iglesia anglicana** (75 millones) y otros grupos más reducidos.

PDF **Perseguidos por ser cristianos.**

La Iglesia católica confiesa que Jesús es inseparablemente verdadero Dios y verdadero hombre.

actividades

11. Completa el texto con las siguientes palabras: Sinaí, redimir, definitiva, Jesús, Moisés.

[...] no abolió la ley que Dios dio a [...] en el [...], sino que la purificó y plenificó, dándole su interpretación [...]. Él es el Hijo de Dios que, con su muerte expiatoria en la Cruz, ofrece el único sacrificio capaz de [...] todas las transgresiones cometidas por los hombres.

12. CA **Reflexionad sobre las heridas de la unidad de la Iglesia.**

a ¿Por qué se han producido escisiones y rupturas en la Iglesia que Cristo fundó? **b** ¿Qué actitudes hemos de tener los católicos frente a las comunidades que surgieron de esas rupturas?

Las creencias de la religión católica. La fe católica implica la plena adhesión a las verdades reveladas que contiene el Credo o Símbolo de la fe. Pero esta fe es, ante todo, la llamada de Jesucristo a creer en él y a seguirlo.

Enseñanzas

1. Como en el judaísmo, **Dios se ha revelado a los hombres.** Esta Revelación ha llegado a su plenitud por medio de **Jesucristo.**
2. Jesucristo ha revelado el ser íntimo de Dios. El misterio de la **Santísima Trinidad** es un aspecto definitivo para distinguir el cristianismo de otras religiones.
3. La **Encarnación del Hijo de Dios** tiene como finalidad la **Redención y Salvación** del hombre, que estaba sometido a los males derivados del pecado original y de los pecados personales.
4. El objeto inmediato de la fe cristiana es creer que hemos sido salvados por la muerte y resurrección de Jesús, verdadero Dios y verdadero hombre.
5. Para velar por el destino de la humanidad, Jesucristo da el mayor regalo, su presencia real en la **Eucaristía,** que es el centro de la vida cristiana.
6. La **segunda venida de Jesucristo glorioso** estará seguida por el **juicio universal;** en ella, todos serán juzgados públicamente por Dios según sus obras.

Comportamiento y culto

1. El cristiano está llamado a la **santidad,** es decir, a **identificarse con Jesucristo** y a alcanzar la **felicidad eterna** en el Reino de los cielos.
2. El **mandamiento del Amor** y el programa de las **Bienaventuranzas** son la esencia de la moral cristiana.
3. Cada ser humano tiene que aplicarse libremente, mediante la fe y las buenas obras, los méritos infinitos que Jesucristo ganó para la Redención de la humanidad.
4. Cada cristiano recibe la ayuda de Dios en la **Iglesia** por medio de la Palabra de Dios y de los **sacramentos,** que comunican la **gracia** de Dios.
5. Con la ayuda de la gracia, **el cristiano es enviado al mundo** para transformarlo según el espíritu del Evangelio.
6. La relación con Dios se plasma de manera pública en la **celebración del domingo,** día dedicado especialmente a su adoración.

actividades

13. CA ¿Cuál dirías que es la verdad primordial del cristianismo? Razona tu respuesta.

14. Enuncia las verdades que hay en el cristianismo y que no se encuentran en el judaísmo.

15. Indica cuáles de las siguientes afirmaciones son verdaderas y cuáles, falsas.

a Judíos y católicos comparten el misterio de la Santísima Trinidad. **b** Es imprescindible cumplir con todo el Decálogo para vivir la moral cristiana. **c** La presencia real de Jesucristo en la Eucaristía es una verdad fundamental de la fe católica. **d** La vida cristiana se resume en el amor a Dios y el amor al prójimo.

2.3. El islamismo

La palabra ***islam*** significa 'sumisión a Dios'. El islamismo es una religión monoteísta fundada por **Mahoma,** que nació en La Meca alrededor del año 570 d. C. Hacia los 40 años, según explicó más tarde, Mahoma empezó a tener apariciones del arcángel Gabriel, enviado del cielo, el cual le leyó el **Corán.**

Mahoma fue perseguido en La Meca y huyó a Medina hacia el año 622. En Medina estableció la nueva religión y un Estado teocrático. Peregrinó a La Meca en el año 632 y murió pocos meses después. Vivió en el ambiente de las tribus de Arabia (politeístas), y conoció algunos núcleos judíos y cristianos. La religión que fundó es una amalgama de doctrinas inspiradas en las creencias de las tribus de Arabia, en el judaísmo y en el cristianismo.

Al morir Mahoma, y al poco de comenzar su expansión, el islamismo tuvo su primera división por razones políticas y religiosas. Entonces, aparecieron las tres ramas principales que han llegado hasta la actualidad: **sunismo** (es la forma mayoritaria seguida por un 90 % de los musulmanes), **chiismo** y **jariyismo.** Además, apareció el **sufismo,** una forma de práctica religiosa mística, compartida por creyentes de todos los grupos.

En la actualidad, unos 1 000 millones de fieles, llamados musulmanes, practican la religión islámica. El islamismo está muy extendido en el Próximo y Extremo Oriente, Asia central, amplias zonas de África y muchas islas del océano Pacífico. También hay numerosos musulmanes en algunas zonas de Europa oriental, comunidades florecientes en Europa occidental (Alemania, Francia) y en Estados Unidos.

En las últimas décadas, han aparecido **grupos extremistas islámicos,** absolutamente minoritarios, que están creando una gran zozobra por su relación con actividades terroristas.

info

Palabras del Corán

«Nuestro Dios es un dios único, no hay Dios sino Allah, el Misericordioso, el Compasivo» (Corán 5: 72). *«Di: él es Allah, la única divinidad. Allah es el absoluto de quien todos necesitan, y él no necesita de nadie. No engendró ni fue engendrado. No hay nada ni nadie que se asemeje a él»* (Corán 112: 1-4).

Preguntas y respuestas frecuentes sobre el islam.

Mahoma, fundador del islam.

actividades

16. Explica cómo nació el islam y dónde está más extendido en la actualidad.

17. ¿Dónde se recogen los principales preceptos del islam?

18. ¿Qué enunciados son correctos?

a Mahoma explicó cómo el arcángel Gabriel le transmitió el Pentateuco.
b El sufismo es una forma de práctica religiosa mística islámica.
c El chiismo constituye la práctica mayoritaria en el islam.
d El islam es una religión inspirada en el judaísmo, pero no en el cristianismo.
e El islam nació en el siglo IV a. C.

Las creencias de la religión islámica. La doctrina de Mahoma se recoge en el **Corán,** libro sagrado del islam. Su proyecto religioso para la vida de los hombres se resume en cinco puntos o pilares.

Enseñanzas

1. Existe un solo Dios, **Alá:** «No hay más Dios que Alá y Mahoma es su profeta». Dios es el Creador, soberano del mundo y remunerador.
2. A **Mahoma** le han precedido otros **profetas menores,** como Abraham, Moisés y Jesucristo. Mahoma es superior a todos ellos. Veneran a María, la madre de Jesús.
3. El **alma es inmortal** y será juzgada por Dios después de la muerte, recibiendo un premio o un castigo. El paraíso es como un jardín frondoso lleno de deleites; a él irán los fieles a Alá. Los pecadores y los hipócritas irán al infierno. El cielo y el infierno son eternos.
4. En relación con las **otras religiones monoteístas,** el islam muestra una gran simpatía hacia Abraham, al que considera como el primer gran monoteísta. Su postura es más negativa respecto a la religión cristiana, a la que considera contraria al verdadero monoteísmo (en especial, por la Trinidad y la Encarnación del Hijo de Dios).

Cinco pilares del islam

1. **Confesar a diario la fe:** «Confieso que no hay otro Dios que Alá y que Mahoma es su profeta».
2. La **oración diaria:** de adoración, de exaltación, de alabanza a Dios. Se debe realizar cinco veces al día, con la convocatoria del muecín. Se reza en posición de postración y de cara a La Meca. En todas las mezquitas se predica los **viernes,** que es el día santo.
3. Los fieles deben pagar una **limosna legal** para contribuir a la causa del islam y para atender a los pobres y otras necesidades.
4. **Se ayuna el mes de Ramadán,** durante el cual no se come ningún alimento mientras es de día.
5. La **peregrinación a La Meca,** la ciudad santa, al menos una vez en la vida.

Miles de peregrinos musulmanes visitan anualmente la ciudad de La Meca, en Arabia Saudita.

actividades

19. Señala qué actitudes forman parte de los cinco pilares para una vida moral recta, según el islam.

a La peregrinación a La Meca durante el Ramadán. **b** El ayuno y la abstinencia durante el tiempo de Cuaresma. **c** La confesión diaria de la fe en Alá. **d** El pago de la limosna legal. **e** La oración diaria de alabanza a Dios, cinco veces al día. **f** La asistencia a la sinagoga los sábados.

20. Enuncia las verdades que se encuentran tanto en el cristianismo como en el islamismo.

21. CA ¿Cuál crees que es la principal diferencia entre la religión cristiana y la religión islámica? Razona tu respuesta.

Messori afirmaba que el Evangelio era solo una muestra del folclore. [...] Un día se decidió a abrirlo: «Fue un encuentro directo con la misteriosa figura de Jesús».

¿Qué sentido tiene mi vida?

El periodista italiano Vittorio Messori —conocido por el libro en el que entrevista a Juan Pablo II, *Cruzando el umbral de la esperanza*— no fue siempre católico. Sus padres eran personas buenas y generosas, pero lo educaron en un ambiente de aversión hacia la Iglesia católica. Además, en la escuela pública le inculcaron ideas marxistas.

Al terminar los estudios de Ciencias Políticas, se dio cuenta de que aún no tenía respuesta para las cuestiones que más le preocupaban: ¿quién soy?, ¿qué sentido tiene mi vida? Sin embargo, tampoco esperaba encontrar respuestas en la religión, porque para él era algo que pertenecía al pasado y que un joven de su tiempo no podía tomarse en serio.

Messori afirmaba que el Evangelio era solo una muestra del folclore, de mitos y leyendas. Un día se decidió a abrirlo: «Fue un encuentro directo con la misteriosa figura de Jesús. No vi luces ni oí cantos de ángeles. Pero la lectura de aquel texto cambió mi vida».

Pero esta experiencia, a la vez que un gran consuelo, le provocó miedo: «Me hacía sufrir especialmente el que, si mi familia se enteraba, me echasen de casa. De hecho, cuando mi madre supo que asistía a Misa, telefoneó al médico y le dijo: "Venga, doctor. Mi hijo padece una fuerte depresión nerviosa". "¿Qué síntomas tiene?", preguntó el médico. Y mi madre le contestó: "Un síntoma gravísimo: va a Misa"».

Pero, a pesar de este miedo, Messori sabía que había tenido la experiencia del Evangelio: «Se trataba de una experiencia del Evangelio como "encuentro", no solo como palabra, valor, moral o ética. Para mí, el Evangelio no era un libro, sino una persona. Era la experiencia de un encuentro fulgurante, consolador y, a la vez, inquietante».

mejora tus competencias

1. **CA** Busca en Internet una semblanza de Edith Stein, fijándote particularmente en su conversión al catolicismo. Escribe una redacción de unas diez líneas que incluya lo siguiente: la fecha y las circunstancias concretas de su Bautismo; los motivos que la llevaron a abrazar el catolicismo y el modo en que entendía su propia conversión, en relación al judaísmo.

2. **CD** **CC** En la película *La lista de Schindler* se cuenta la historia de Oskar Schindler, un industrial católico alemán que salvo a 1 100 judíos durante la Segunda Guerra Mundial. Observad atentamente la escena y contestad a las siguientes preguntas.

   a ¿De dónde está tomada la frase grabada en el anillo que los judíos regalan a Schindler? **b** ¿Dónde está enterrado Oskar Schindler? **c** Qué significa el título que le ha concedido el Estado de Israel: 'Justo entre las naciones'?

fe y cultura

El espíritu de Asís

Encuentro del papa Francisco con líderes religiosos en Sri Lanka.

El 27 de octubre de 1986 es un día que ya ha entrado en la historia. Ese día, por primera vez, **líderes de numerosas religiones** del mundo se reunieron en **Asís,** invitados por el que entonces era Papa, **san Juan Pablo II,** para rezar por la paz.

El Papa, cuando convocó el encuentro, quiso invitar no solo a los cristianos, sino a todos aquellos hombres y mujeres que creen —de la manera que sea— en Dios El día en el que finalmente se celebró, los medios de comunicación de todo el mundo centraron su atención en la **basílica de Santa María de los Ángeles.** En ella, el Pontífice recibió a sus invitados, se rezó el salmo 148 y, tras la lectura de un discurso, cada delegación religiosa marchó a un lugar distinto de Asís para orar a solas por la paz.

Al final de la jornada, todas las delegaciones se reunieron de nuevo en la plaza de la basílica inferior de San Francisco y cada religión elevó una oración a Dios. Aquella tarde **rezaron juntos** budistas, hindúes, musulmanes, sintoístas, sijes, indios americanos, judíos y cristianos.

Para finalizar el día, el Papa dirigió a todos los presentes la siguiente reflexión: «Con las religiones del mundo compartimos un profundo respeto y obediencia a la conciencia, que nos enseña a todos a buscar la verdad, amar y servir a todas las personas y a todos los pueblos y, por consiguiente, a ser artífices de paz entre los individuos y entre las naciones. [...] Si es verdad que hay muchas e importantes diferencias entre nosotros, existe también un terreno común desde donde operar juntos con miras a la solución del reto dramático de nuestra época: paz verdadera o guerra catastrófica».

mejora tus competencias

3. CL El papa Juan Pablo II pronunció las siguientes palabras un mes antes del encuentro por la paz de Asís en 1986. Reflexiona sobre ellas y escribe una redacción de diez líneas sobre esta «exigencia de paz».

«Nadie debería maravillarse si los miembros de las diversas Iglesias cristianas y de las varias religiones se encuentran juntos para orar. [...] Toda religión enseña la superación del mal, el empeño por la justicia y la acogida del otro. Hoy esta fidelidad común y radical a las tradiciones religiosas respectivas es, más que nunca, una exigencia de la paz» (Juan Pablo II, Ángelus, 21 de septiembre de 1986).

4. CI CD Investiga si, desde aquel encuentro de 1986 en Asís, ha habido otros similares. Anota toda la información que encuentres y dialogad sobre ello en clase.

síntesis

LAS RELIGIONES

Todas tienen unos elementos comunes

Judaísmo

- Dios elige al pueblo de Israel
- Dios se revela: la Torá
- Espera la llegada de un Mesías
- Libro sagrado: el Tanak
- Juicio y retribución eterna

- Fiel cumplimiento de la Torá
- Asistencia a la sinagoga los sábados
- Rezo tres veces al día
- Guardar las fiestas religiosas

Cristianismo

- Cristo, verdadero Dios y verdadero hombre, es el Mesías prometido
- La Santísima Trinidad
- Libro sagrado: la Biblia
- Juicio y retribución eterna

- Llamamiento a la Bienaventuranza eterna
- Mandamiento del Amor
- Sacramentos de la Iglesia
- El domingo, día del Señor

Islamismo

- Influencia del judaísmo y del cristianismo
- Fundado por Mahoma

- Existe un solo Dios, Alá
- Inmortalidad del alma y retribución eterna

- Confesión diaria de la fe
- Oración diaria
- Limosna legal
- Ayuno el mes de Ramadán
- Peregrinación a La Meca

si me preguntan, qué respondo

¿Por qué late en el ser humano el deseo de Dios?

Porque Dios mismo, al crear al ser humano a su imagen, inscribió en el corazón de este el deseo de verlo. En consecuencia, el hombre es esencialmente religioso, capaz de entrar en comunión con Dios (Compendio del CEC, n.° 2).

¿Basta la sola luz de la razón para conocer el misterio de Dios?

Para conocer a Dios con la sola luz de la razón, el hombre encuentra muchas dificultades. Por ello, Dios ha querido iluminarlo con su Revelación acerca de las verdades que superan la comprensión humana y también de verdades religiosas y morales que, de esta manera, pueden ser conocidas por todos con firme certeza y sin mezcla de error (Compendio del CEC, n.° 4).

¿Por qué confesamos que existe un solo Dios?

Confesamos que existe un solo Dios porque Él se ha revelado al pueblo de Israel como el Único, cuando dice: *Escucha Israel: El Señor es nuestro Dios, el Señor es uno solo* (Dt 6, 4). Jesús mismo lo ha confirmado: *Dios es el único Señor* (Mc 12, 29) (Compendio del CEC, n.° 37)

¿Qué consecuencias tiene creer en un solo Dios?

Creer en un solo Dios comporta: conocer su grandeza y majestad; vivir en acción de gracias; confiar siempre en Él, incluso en la adversidad; reconocer la verdadera dignidad de todos los hombres, creados a imagen de Dios; y usar rectamente las cosas creadas por Él (Compendio del CEC, n.° 43).

aCtividadeS

1. CD CI Elabora una presentación digital o un video que muestre las respuestas al sentido de la vida que ofrece cada una de las tres religiones monoteístas que has estudiado. Después, preséntalo a tus compañeros en el aula.

2. Señala la respuesta correcta. ¿Dónde se encuentra la esencia de la moral cristiana?

a En los Mandamientos de la ley de Dios. **b** En el culto a Dios los domingos. **c** En la cración diaria. **d** En la ley del Amor y en las Bienaventuranzas.

3. Leed las palabras que pronunció el papa Benedicto XVI en su visita a Turquía en 2006 y responded en grupo a las preguntas que siguen. Escribid vuestras conclusiones en un documento conjunto:

> «Estamos llamados a actuar juntos para ayudar a la sociedad a abrirse a lo trascendente, reconociendo al Dios todopoderoso el puesto que le corresponde. El mejor modo de actuar es mantener un diálogo auténtico entre cristianos y musulmanes, basado en la verdad e inspirado en un deseo sincero de conocernos mejor los unos a los otros, respetando las diferencias y reconociendo lo que tenemos en común».

a ¿Es posible que vivan en una misma comunidad personas de diferentes religiones? Razonad vuestra respuesta y poned ejemplos concretos.
b ¿Cuáles son las bases que señala el Papa para que pueda existir diálogo entre cristianos y musulmanes?
c ¿En qué aspectos pueden cooperar cristianos y musulmanes?
d ¿Cuáles crees que son los principales obstáculos que, en la situación actual, puede encontrar esta cooperación?

4. CS Elige las opciones correctas. Si tuviera un amigo que profesara otra religión...

a no le diría nada, porque hay que respetar las creencias de los demás. **b** ante todo, me esforzaría por ser coherente con mis creencias. **c** hablaría de religión haciendo hincapié en lo que nos une. **d** cultivaría una sincera amistad, buscando su bien y respetando su libertad. **e** procuraría instruirme para tener argumentos en defensa de mi religión. **f** en el caso de que no lograra convencerlo, abandonaría su amistad.

5. CS CL Busca en los medios de comunicación alguna manifestación actual de las rivalidades y guerras que se dan en el mundo por motivos religiosos. Haz un esquema con los datos más relevantes y anota cuáles serían las vías de solución, de acuerdo con la doctrina de la Iglesia católica.

2 La Revelación de Dios

interpretamos

1. ¿Qué consecuencias tiene una vida alejada de Dios?
2. ¿Sabes cuál es la diferencia esencial entre la religión católica y otras religiones?
3. ¿Qué actitud debe tener un católico respecto a fieles de otras religiones?

Esto es lo que os dije mientras estaba con vosotros: que era necesario que se cumpliera todo lo escrito en la ley de Moisés y en los Profetas y Salmos acerca de mí.

1. La búsqueda humana de sentido

Vocabulario

Ateísmo: negación o rechazo de la existencia de Dios. Hay dos tipos de ateísmo: sistemático y pragmático.

Dios y el ser humano.

Mediante la religión, el hombre busca algo grande, la trascendencia, la vida plena y feliz. Consciente de ese anhelo de lo infinito, constata, al mismo tiempo, que nunca lo alcanza del todo. Siempre desea algo más: más felicidad, más progreso, más perfección.

En esta búsqueda, el ser humano se encuentra con el dolor, la injusticia o la muerte. Al examinar su propio interior, reconoce la presencia del mal en él. Incluso, al comprobar algunas de las consecuencias del progreso, la angustia y la desesperanza se adueñan de su corazón.

Esta situación ha hecho que, hoy en día, muchos se desentiendan de la búsqueda de Dios o que lo nieguen de forma explícita. Viven y piensan como si la Salvación del género humano dependiera del rechazo o del olvido de Dios. El ser humano pretende liberarse, así, de toda autoridad, como si él mismo pudiera dar respuesta a todos los interrogantes (*Gaudium et spes*, n.º 19).

Esta postura parte de la idea de que toda obediencia es una cadena, de que cualquier autoridad es un mal que impide el desarrollo del hombre y un obstáculo para el progreso personal y social. De este modo, el hombre pretende situarse como el único dueño y señor de su vida.

En los últimos dos siglos, se han sucedido diversos intentos de construir una sociedad sin Dios. Este **ateísmo*** deriva de una **visión materialista** del ser humano y reviste múltiples formas en nuestra sociedad. Se pueden distinguir dos clases:

- **Ateísmo sistemático.** Pone su esperanza de Salvación en la liberación económica y social. En el siglo XX se instauraron proyectos ideales que pretendían explicar cómo debía ser el hombre y cómo se tenía que constituir una sociedad para alcanzar la justicia y la paz.

Dios ha salido al encuentro del hombre para darse a conocer y mostrarle el camino que le permita llegar hasta él.

actividades

1. Indica cuáles de los siguientes enunciados son verdaderos y corrige los falsos.

   a El ateísmo se basa, con frecuencia, en una concepción falsa de la autonomía humana. **b** Para el ateísmo sistemático, la religión no constituye un obstáculo en el desarrollo social. **c** El reconocimiento de Dios no se opone a la dignidad del hombre, ya que esta se funda y se perfecciona en el mismo Dios. **d** El ateísmo deriva de una visión espiritualista del ser humano.

2. CA ¿Contra qué mandamiento de la ley de Dios atenta el ateísmo? Justifica tu respuesta.

Estas **utopías*** criticaron problemas reales, pero sus soluciones se mostraron irreales. En ocasiones, se convirtieron en dogmas e ideologías incompatibles con la dignidad de la persona.

Así, los **totalitarismos comunistas** han tratado de «eliminar» a Dios: persiguieron a los creyentes hasta conducirlos a la cárcel y al martirio. Esta persecución se realizaba en nombre de la revolución, de la razón o de la ciencia. Como señaló el poeta alemán Friedrich Hörderlin, quisieron hacer en esta Tierra un cielo y terminaron construyendo infiernos.

- **Ateísmo pragmático.** Actualmente, estos prejuicios tienen éxito en un ambiente consumista, pues el deseo de tener o **hedonismo*** adormece la capacidad de buscar un sentido profundo a la existencia. Muchos son, así, los que abandonan o ignoran a Dios.

El **capitalismo,** en su interpretación radical, exalta la libertad del individuo y rechaza todo aquello que suponga limitar el propio interés. Es el hombre, entonces, quien decide lo que es bueno o lo que es malo: se presenta como el creador único de su bienestar.

«Son de alabar —dice el papa Francisco— los avances que contribuyen al bienestar. [...] Sin embargo, no podemos olvidar que la mayoría de los hombres y mujeres de nuestro tiempo vive precariamente. [...] La alegría de vivir frecuentemente se apaga, la falta de respeto y la violencia crecen, la inequidad es cada vez más patente» (*Evangelii gaudium*, n.° 52).

En definitiva, los intentos puramente humanos de Salvación han conducido con frecuencia a la desesperanza y la infelicidad. Y es que el hombre —aunque a veces no lo reconozca— está hecho para Dios y para trascender su debilidad y finitud. Ahora bien, ¿es esto posible? ¿Puede el ser humano acceder a una verdad que lo salve?

vocabulario

Utopía: doctrina o sistema optimista que aparece como irrealizable en el momento de su aplicación.

Hedonismo: esta palabra procede del griego *hedoné* ('placer'). Es la doctrina o la actitud que reduce la felicidad humana al placer sensible, al que considera fin supremo de la vida.

info

La responsabilidad del creyente

«En [la] génesis del ateísmo pueden tener parte no pequeña los propios creyentes, en cuanto que, con el descuido de la educación religiosa, o con la exposición inadecuada de la doctrina, o incluso con los defectos de su vida religiosa, moral y social, han velado más bien que revelado el genuino rostro de Dios y de la religión» (Gaudium et spes, n.° 19).

PDF **La Iglesia y el ateísmo.**

A veces, se vive como si la felicidad se encontrase en la posesión de placeres materiales.

actividades

3. Explica la diferencia entre la postura del ateo sistemático y la del ateo pragmático.

4. CL Lee el siguiente texto del CEC (n.° 2128) y realiza los ejercicios.

«El agnosticismo puede contener a veces una cierta búsqueda de Dios, pero puede igualmente representar un indiferentismo, una huida ante la cuestión última de la existencia, y una pereza de la conciencia moral. El agnosticismo equivale con mucha frecuencia a un ateísmo práctico».

a Documéntate y redacta una definición de agnosticismo. **b** Explica, a partir del texto, la relación del agnosticismo con el ateísmo pragmático que se ha explicado en el epígrafe.

2. Dios se da a conocer

2.1. Dios revela su designio amoroso

vocabulario

Revelación: manifestación de Dios, mediante signos y palabras, de algunas verdades necesarias para la Salvación, que el hombre no puede conocer o que conoce con dificultad.

En la unidad anterior se ha señalado que, a partir de las cosas creadas, el ser humano puede llegar a conocer la existencia de Dios, y que las diversas religiones son fruto de ese profundo deseo de rendir culto a Dios.

Asimismo, se ha visto que actualmente el ser humano también busca dar respuesta a sus inquietudes, alejado de toda trascendencia, y que sus intentos han sido insatisfactorios.

Se constata que, aunque el hombre es capaz de Dios, se encuentra con muchas dificultades para conocerlo y para relacionarse con él, debido a la limitada luz de su inteligencia y a la debilidad de su voluntad, herida por el pecado original.

Pero Dios *quiere que todos los hombres se salven y lleguen al conocimiento de la verdad* (1 Tim 2, 4). Por eso, **él mismo ha tomado la iniciativa** para salir a su encuentro, darse a conocer y mostrarles el camino que les permita llegar hasta él. Para la religión cristiana, el conocimiento de Dios no es consecuencia de una búsqueda por parte del ser humano.

El cristianismo no es una religión buscada y encontrada, sino recibida: es un don gratuito, un regalo. Por eso, se afirma que el cristianismo es una **religión revelada:** es la respuesta definitiva de Dios a las cuestiones sobre el sentido y la finalidad de la vida humana.

Gracias a esta **Revelación* sobrenatural,** sabemos cosas sobre Dios, y sobre el modo de relacionarnos y unirnos a él que jamás podríamos haber alcanzado solo por nuestra cuenta. Dios, al revelarse a sí mismo, se ha presentado como **Creador universal, Padre amoroso** y **Salvador de todo el género humano.** Ha mostrado su **designio salvífico** para todos los hombres: quiere que, libremente, lo conozcan y se adhieran a él.

Dios transmitió a Moisés los diez Mandamientos y otras normas para organizar al pueblo de Israel y sobre el modo de rendir culto a Dios.

actividades

5. Completa el siguiente texto del Youcat (n.º 7) con estos términos: corazón, Dios, íntimos, amor, humano.

«Como en el amor [...] podemos saber algo de la persona amada solo cuando nos abre su [...], del mismo modo solo sabemos algo de los más [...] pensamientos de Dios porque el [...] eterno y misterioso se ha abierto por [...] a nosotros».

6. ¿Qué hace que el cristianismo sea distinto de las restantes religiones?

a La influencia de los sacerdotes. **b** Su moral. **c** El hecho de que es una religión revelada. **d** El celibato.

7. CA ¿Qué otras cosas sabemos gracias a la Revelación, además de las mencionadas en esta página? Enumera, al menos, tres. ¿Cuál destacarías?

2.2. Dios se revela en la historia

El ser humano, para conocer, necesita ver, oír, tocar... Todos vivimos en un tiempo determinado y en un lugar concreto. Por eso, Dios ha querido adaptarse a esta condición y se ha manifestado al hombre por medio de acontecimientos históricos.

De este modo, Dios, actuando en la historia, ha convertido la misma historia y el mismo acontecimiento en una palabra suya para todos los hombres. Dios actúa salvando y la historia se convierte en **historia de Salvación.**

Esta historia está jalonada de hechos que han sucedido, por iniciativa de Dios, en lugares y momentos determinados, y que han llegado hasta nosotros por medio de narraciones, orales o escritas.

Como son **hechos y palabras** que se pueden narrar o escribir, Dios sigue hablando a través de ellos —de la **Tradición** y de las **Sagradas Escrituras**— a los hombres y mujeres de todas las épocas; también de la nuestra.

Como buen Padre, Dios se da conocer progresivamente, siguiendo una **pedagogía divina.** La Revelación ha sido hacer juntos un camino, Dios y el hombre, en el que Dios habla, y el hombre escucha y responde. Este, a través del diálogo, ha ido aprendiendo quién es Dios y quién es él mismo.

En el **Antiguo Testamento** se narra la historia de Israel, hasta llegar a la plenitud de la Revelación en Jesús, Dios mismo hecho hombre.

Naturalmente, para comprender el mensaje y la persona de Jesucristo, eran necesarias unas enseñanzas previas; por ejemplo, que hay un solo Dios, que es creador, que cuida de sus criaturas, etc. El Antiguo Testamento manifiesta esa pedagogía de Dios. Así, por ejemplo, en un contexto de politeísmo y de miedo a unos dioses lejanos —era lo habitual en las religiones antiguas—, habría sido incomprensible el mensaje de Jesús, que nos muestra la paternidad amorosa de Dios.

Jesús en la sinagoga de Nazaret.

info

¿Un Dios inaccesible o un Padre amoroso?

En los libros más antiguos del Antiguo Testamento, se veía a Dios con tanta majestad y poder, que los israelitas no se atrevían a pronunciar su nombre. Más tarde, estos fueron percibiendo a un Dios más cercano, como en este salmo: El Señor es mi pastor, nada me falta: en verdes praderas me hace recostar; me conduce hacia fuentes tranquilas. [...] Tu bondad y tu misericordia me acompañan todos los días de mi vida, y habitaré en la casa del Señor por años sin término (Sal 23, 1-2.6). Finalmente, Jesucristo enseñará a dirigirse a Dios como a un Padre, y él mismo lo llamará cariñosamente Abba ('papá').

actividades

8. Señala los enunciados verdaderos y corrige los falsos.

a Dios se ha revelado a los hombres por amor. **b** El pueblo de Israel buscó a Dios. **c** El Dios cristiano no se involucra en los asuntos humanos porque respeta nuestra libertad. **d** Dios habla exclusivamente al corazón de cada hombre.

9. Señala las respuestas correctas. La Revelación de Dios se ha realizado...

a mediante acontecimientos históricos. **b** a través de la Biblia. **c** por medio de los presbíteros y los diáconos. **d** cuando Dios habló con los profetas.

10. CA **Recuerda a tres personajes del Antiguo Testamento que prefiguren a Jesús y explica de qué manera son figura de Jesús.**

2.3. Jesucristo, mediador y plenitud de la Revelación

Porque tanto amó Dios al mundo, que entregó a su Unigénito, para que todo el que cree en él [...] *tenga vida eterna* (Jn 3, 16-17).

Solo conocemos plenamente a alguien cuando él mismo nos dice quién es. Por eso, la Revelación histórica de Dios llega a su plenitud con la **Encarnación de Jesucristo,** que nos revela quién es Dios.

Jesús, como es Dios, nos puede hacer **partícipes de la intimidad divina** y, como es hombre, puede ser nuestro **modelo de santidad:** *Tomad mi yugo sobre vosotros y aprended de mí, que soy manso y humilde de corazón* (Mt 11, 29).

A lo largo de los siglos, Israel entendió que Dios siempre había actuado con un amor gratuito. Los profetas compararon el amor de Dios a Israel con el amor de un padre o de una madre (Os 11, 1).

Jesús nos descubre que ese amor no tiene límites: *Porque tanto amó Dios al mundo, que entregó a su Unigénito, para que todo el que cree en él* [...] *tenga vida eterna* (Jn 3, 16-17). La Revelación plena del Dios amor se da en los acontecimientos del **misterio pascual:** la entrega y muerte en la cruz, y su resurrección. Este es el principal milagro, que acredita su divinidad y nos manifiesta a Dios plenamente.

San Juan escribe estas sencillas palabras: *Dios es amor* (1 Jn 4, 8). Junto a Jesús, Juan aprendió que Dios mismo, en su intimidad, es intercambio de amor: es **Padre, Hijo y Espíritu Santo.** Y desea que tengamos parte en esa **comunión.**

Jesucristo es el **único mediador** entre Dios y los hombres: *Pues Dios es uno, y único también el mediador entre Dios y los hombres: el hombre Cristo Jesús, que se entregó en rescate por todos* (1 Tim 2, 5-6). Su mensaje de Salvación se dirige a todos los hombres. Él mismo encargó a la Iglesia la misión de anunciar la Buena Nueva hasta los confines del mundo: *Id al mundo entero y proclamad el Evangelio a toda la Creación* (Mc 16, 15).

info

¿Qué les falta?

Cristo, único mediador y camino de Salvación, se hace presente en la Iglesia católica. Otras comunidades cristianas no católicas, que no profesan la fe en su integridad, están en cierta comunión, aunque no perfecta, con la única Iglesia de Cristo. De hecho, en ellas encontramos la fe, la esperanza, la caridad, los dones del Espíritu Santo, el conocimiento de la Palabra de Dios... Aunque sus miembros no son católicos, sí son bautizados y hermanos nuestros en la fe. ¿Qué les falta? La plenitud, es decir, alguno de estos tres aspectos: la aceptación de toda la fe, la recepción de todos los sacramentos y la aceptación de la autoridad que Jesús otorgó a Pedro y a su sucesor, el Papa.

▶ **La plenitud de la Revelación.**

actividades

11. Elige la respuesta correcta. ¿Cuál es la cumbre de la Revelación bíblica?
a *Dios es amor.* **b** El Decálogo. **c** *Yo soy el que soy.* **d** *Escucha, Israel: el Señor es nuestro Dios.*

12. Explica por qué Jesucristo es...
a la plenitud de la Revelación. **b** el único mediador entre Dios y los hombres.

13. CI Reflexiona sobre lo que has leído en esta página y explica cómo crees que ha de ser la oración del cristiano.

3. El valor salvífico de las religiones

La Salvación se recibe por la fe en Jesucristo: *No hay Salvación en ningún otro, pues bajo el cielo no se ha dado a los hombres otro nombre por el que debamos salvarnos* (Hch 4, 12). Sin embargo, sabemos que hay una gran diversidad de religiones. ¿Nos podemos salvar en cualquier religión? ¿Son todas portadoras de Salvación?

La Iglesia católica reconoce que en las diversas religiones hay rayos de la verdad que ilumina a todo hombre (*Nostra aetate*, n.º 2). Tienen elementos de verdad, de gracia y de bien, no solamente en los corazones de los hombres, sino también en sus ritos y costumbres. Sin embargo, estas semillas de verdad no están libres de error: hay que sanarlas y elevarlas.

En las religiones actúa el mismo Espíritu que guía a la Iglesia. Pero esta **presencia universal** no se puede equiparar a su **presencia peculiar** en la Iglesia de Cristo. En las demás religiones, no todo es salvífico. No se puede olvidar la presencia del espíritu del mal ni la imperfección de la respuesta humana a la acción de Dios. Solo la Iglesia es el Cuerpo de Cristo y solo en ella está plenamente presente el Espíritu. La pertenencia a la Iglesia no es indiferente para la Salvación.

info

Fuera de la Iglesia no hay Salvación

Formulada de modo positivo, esta idea significa que toda Salvación viene de Cristo. Ahora bien, este enunciado «no se refiere a los que, sin culpa suya, no conocen a Cristo y a su Iglesia: los que sin culpa suya no conocen el Evangelio de Cristo y su Iglesia, pero buscan a Dios con sincero corazón e intentan en su vida, con la ayuda de la gracia, hacer la voluntad de Dios, conocida a través de lo que les dice su conciencia, pueden conseguir la Salvación eterna» (CEC, n.º 847).

La Iglesia católica «anuncia y tiene la **obligación de anunciar constantemente a Cristo,** que es *el camino y la verdad y la vida* (Jn 14, 6), en quien los hombres encuentran la plenitud de la vida religiosa. [...] Y exhorta a sus hijos a que, con **prudencia y caridad,** mediante el **diálogo y colaboración** con los adeptos de otras religiones, dando **testimonio de fe y vida cristiana,** reconozcan, guarden y promuevan aquellos bienes espirituales y morales, así como los valores socioculturales que en ellos existen» (*Nostra aetate*, n.º 2).

PDF **Juan Pablo II: ¿Por qué hay tantas religiones?**

La Iglesia y las religiones no cristianas (CEC, n.ºs 839-845).

«La Iglesia católica reconoce que en las diversas religiones hay rayos de la verdad que ilumina a todo hombre» (*Nostra aetate*, n.º 2).

actividades

14. Explica la postura de la Iglesia católica ante las demás religiones y en qué se fundamenta.

15. CI Si un amigo te dijese que esa postura de la Iglesia católica no es democrática, ¿qué le dirías?

16. Completa el siguiente texto del Youcat (n.º 13) con estos términos: culpa, sinceramente, todos, gracia, conciencia, Cristo.

«La Iglesia enseña que [...] los hombres que sin [...] suya no conocen a [...] ni a su Iglesia, pero buscan [...] a Dios y siguen la voz de su [...], pueden alcanzar la Salvación con la ayuda de la [...]».

fe y vida

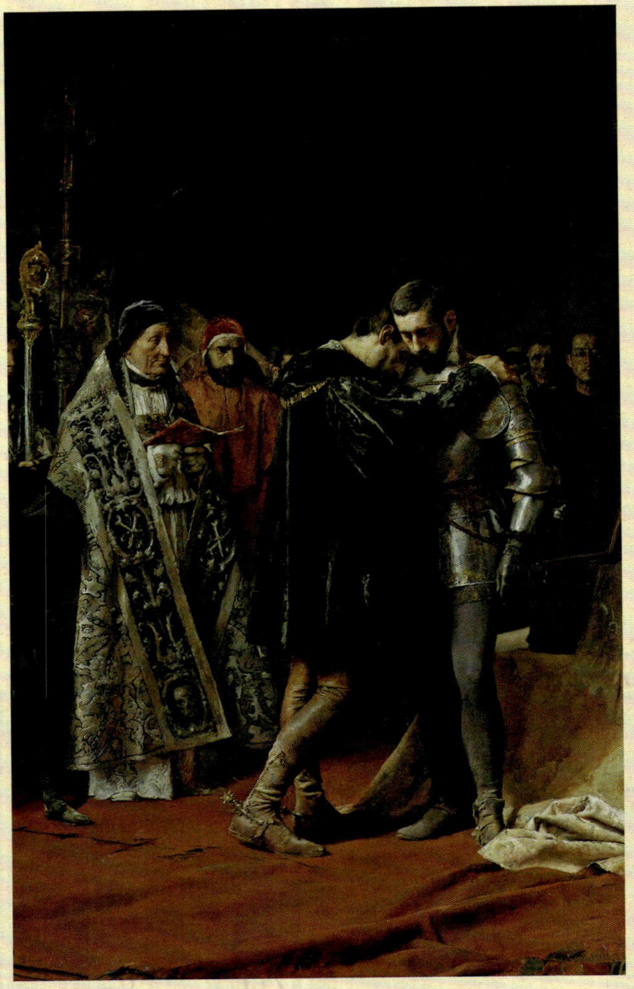

Francisco de Borja, duque de Gandía, rechazó todos los títulos nobiliarios para ingresar en la Compañía de Jesús. *Conversión del duque de Gandía*, de J. Moreno Carbonero. Siglo XIX.

El sí de un joven rico

Francisco de Borja era una de las personas más ricas e influyentes de la España del siglo XVI, una época en la que nuestro país era el más poderoso del mundo. Tenía los títulos de duque de Gandía, marqués de Llombay, virrey de Cataluña y grande de España. También era biznieto del papa Alejandro VI, nieto de Fernando el Católico, primo hermano de Juana la Loca y compañero de juegos, desde la infancia, del emperador Carlos V.

En un momento de su vida, sintió la **llamada de Jesús en su corazón.** Francisco decidió renunciar a todas sus riquezas para aspirar a las del Reino de Dios. Tomó la decisión de consagrarse a Dios e ingresó en la **Compañía de Jesús.**

Los superiores de la orden lo nombraron ayudante del cocinero. Sus tareas consistían en acarrear agua y leña, encender la estufa y limpiar la cocina. En esta época, el emperador intentó nombrarlo cardenal, pero Francisco fue fiel al espíritu de la vida religiosa que había elegido y no aceptó. El superior de Francisco lo trataba con dureza, pues creía que la nobleza de su origen lo exigía.

Francisco aceptó su nueva vida con **humildad** y **obediencia.** En cierta ocasión, tuvo un accidente y el médico que lo atendía le dijo: «Temo, señor, que voy a hacer algún daño a vuestra gracia». Él repuso: «Nada puede hacerme más daño que ese tratamiento de dignidad que me acabáis de dar».

Francisco tuvo un **encuentro con Jesús,** exactamente igual que el joven rico de los evangelios. Sin embargo, él se decidió a seguir a Jesús, a dejarse guiar siempre por el ideal recogido en las **Bienaventuranzas.** Hoy, aún seguimos recordando a san Francisco de Borja; incluso, algunos padres ponen a sus hijos el nombre de este gran santo. Del joven rico que no aceptó la invitación de Jesús, ni siquiera conocemos el nombre.

mejora tus competencias

1. CL A continuación, puedes leer el fragmento de una carta en la que san Francisco de Borja describe dos posibles tipos de relaciones del hombre con Dios. Expón en una breve redacción cuáles son y cuál de las dos responde a la Buena Nueva anunciada por Jesús.

«Lástima me dan y mucha compasión y quisiera gritarles a los que tienen a Dios como si fuese una ley, que juzga y castiga y no da fuerzas para cumplirla, y por eso lo sirven como esclavos, por miedo. Y eso es a causa de que no saben que Dios es amor y los lleva, a veces, al apartamiento de Dios, cuando muy en lo contrario, Nuestro Señor es vida verdadera y felicidad muy cumplida y su carga ligera, pues que él se ha uncido a nuestro yugo y comparte con nosotros la misma carga. Jamás nos castigará: nos castigamos nosotros cuando nos separamos de él y lo perdemos. Está llamando a nuestra puerta, puesto que quiere siempre nuestro bien» (adaptado del blog admaioremdeigloriam.wordpress.com).

fe y cultura

Utopías

Los cristianos creemos que el Reino que Jesús vino a instaurar no es de este mundo. Esto nos ha protegido de la tentación de querer construir un paraíso terrenal logrado por nuestros propios esfuerzos, de espaldas a Dios.

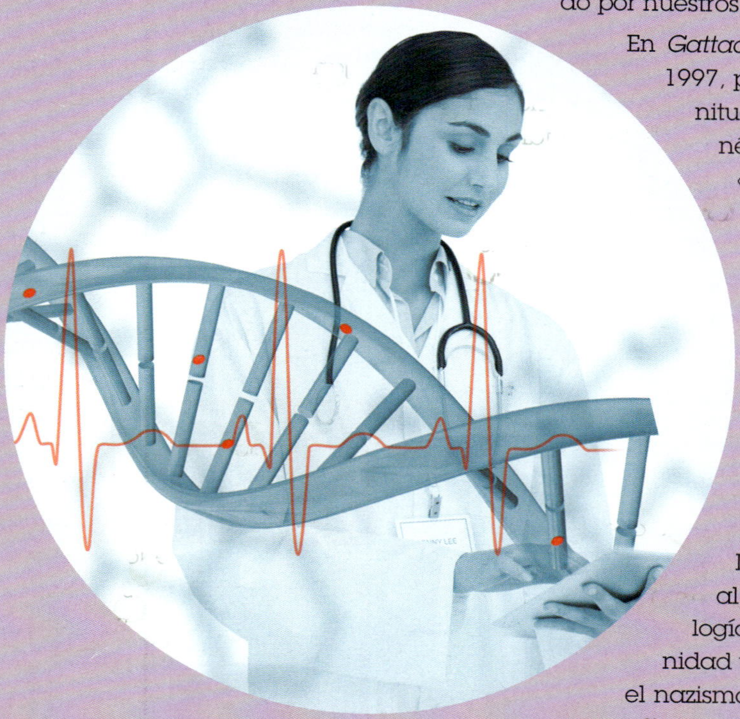

En *Gattaca*, una película escrita y dirigida por Andrew Niccol en 1997, podemos ver esta tentación hecha realidad en toda su plenitud. En ella se presenta un mundo en el que se modifica genéticamente a las personas antes de nacer, para que sean «perfectas». Se evita que nazcan con enfermedades genéticas o con defectos físicos, y se diseñan para que sean altas, atractivas y fuertes

El protagonista de la película, Vincent, es una persona normal que tiene un sueño: viajar al espacio. Pronto vemos que ese mundo utópico dista mucho de ser perfecto: las personas perfectas marginan a los individuos que no lo son, llamándolos «defectuosos». Hablamos, por supuesto, de una película, pero ¿acaso no parecían imposibles hace cien años realidades que hoy son perfectamente normales?

Los intentos de crear un paraíso en la Tierra no se limitan al ámbito del cine: en el siglo pasado se desarrollaron ideologías que prometían la prosperidad generalizada y la fraternidad universal entre los hombres. Son los casos del comunismo, el nazismo, y el capitalismo desenfrenado y consumista. En vez de cumplir sus promesas, estas utopías solo han dejado a su paso muerte, crueldad y vacío.

El embrión humano debe ser tratado como una persona desde el momento de la concepción y su vida debe ser defendida como la de todo ser humano (CEC, n.° 2 274).

Los cristianos tenemos puestas nuestras esperanzas en Dios, no solo en nosotros mismos: «El Reino no se realizará, por tanto, mediante un triunfo histórico de la Iglesia en forma de un proceso creciente, sino por una victoria de Dios sobre el último desencadenamiento del mal» (CEC, n.° 677).

mejora tus competencias

2. CD CA Ved las escenas de *Gattaca* que se presentan como recurso y organizad un debate a partir de las siguientes preguntas:

a ¿Qué tipo de marginación se da en ese mundo perfecto?
b ¿Las personas perfectas os parecen verdaderamente humanas? Justificad vuestra respuesta.
c ¿Qué diferencias hay entre la perfección de *Gattaca* y la que Jesús nos ofrece?

3. CA CC A partir de las reflexiones que hayan surgido en el debate, cread un lema y una imagen publicitaria que exprese el espíritu de las Bienaventuranzas. Recordad que su finalidad es incitar a pensar a chicas y chicos de vuestra edad.

síntesis

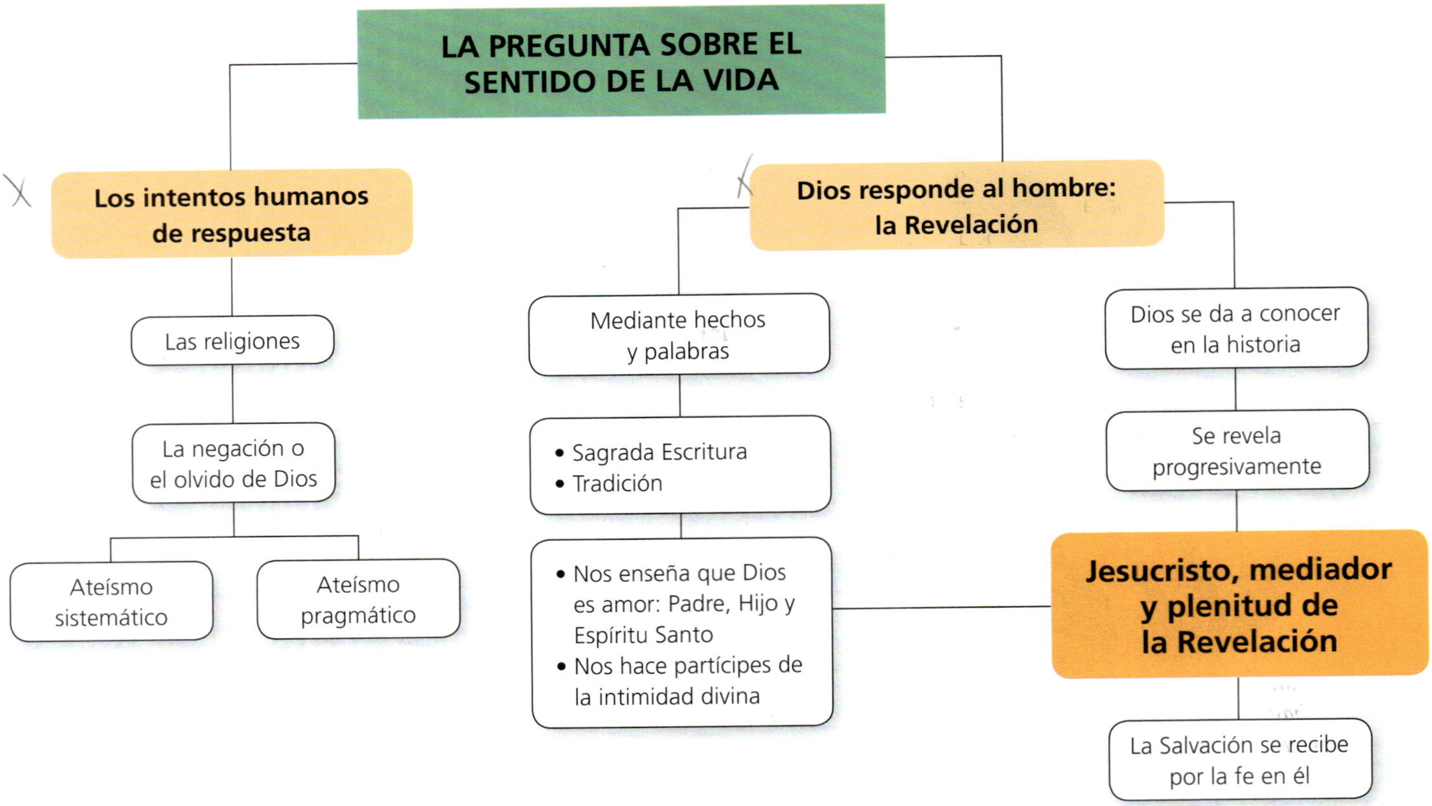

si me preguntan, qué respondo

¿Qué revela Dios al hombre?

Por medio de acontecimientos y palabras, Dios se revela a sí mismo y su plan de Salvación: hacer de todos los hombres hijos adoptivos en su Hijo unigénito, mediante la gracia del Espíritu Santo (Compendio del CEC, n.º 6).

¿Qué significa que el Espíritu habló por los profetas?

Con el término *profetas* se entiende a cuantos fueron inspirados por el Espíritu Santo para hablar en nombre de Dios. La obra reveladora del Espíritu en el Antiguo Testamento halla su cumplimiento en la Revelación plena de Cristo en el Nuevo Testamento (Compendio del CEC, n.º 140).

¿Cuál es la Revelación plena y definitiva de Dios?

La Revelación plena y definitiva de Dios es la que él mismo llevó a cabo en Jesucristo, mediador y plenitud de la Revelación. Él, verdadero Dios y verdadero hombre, es la palabra perfecta y definitiva del Padre. Con la venida del Hijo y el don del Espíritu, la Revelación ya se ha cumplido plenamente (Compendio del CEC, n.º 9).

¿Qué vínculo existe entre la Iglesia católica y las religiones no cristianas?

El vínculo entre la Iglesia católica y las religiones no cristianas proviene, ante todo, del origen y el fin comunes de todo el género humano. La Iglesia católica reconoce que cuanto de bueno y verdadero se encuentra en las otras religiones viene de Dios, es reflejo de su verdad, puede preparar para la acogida del Evangelio y conducir hacia la unidad de la humanidad en la Iglesia de Cristo (Compendio del CEC, n.º 170).

actividades

1. **CA** **CL** **Dialogad en grupos sobre algunas manifestaciones de mentalidad materialista y consumista que se pueden encontrar en nuestra sociedad. Podéis tomar como guía la serie de preguntas que aparecen a continuación. Al finalizar, redactad un escrito en el que resumáis vuestras conclusiones.**
   a ¿Qué consecuencias se derivan de este modo de vida?
   b ¿Cuál es el camino para que la mujer y el hombre de hoy se encuentren con Jesucristo?
   c ¿Cuáles son los obstáculos más poderosos que dificultan este encuentro?
   d ¿Cómo se pueden superar?

2. **Indica cuáles de las siguientes afirmaciones son verdaderas y corrige las falsas.**
   a Dios se ha revelado por medio de acontencimientos históricos.
   b En la religión cristiana, el conocimiento de Dios es fruto de la búsqueda del hombre.
   c Para los seres humanos, el centro de su proyecto divino es compartir su infinita alegría.
   d La Revelación sobrenatural nos ha descubierto cosas que hubiéramos podido deducir solos, pero con un gran esfuerzo.
   e En la historia de la Salvación, Dios ha dejado que el ser humano tome la iniciativa libremente.

3. **CL** **Comenta brevemente estas citas bíblicas.**
   a *En muchas ocasiones y de muchas maneras habló Dios antiguamente a los padres por los profetas. En esta etapa final, nos ha hablado por el Hijo, al que ha nombrado heredero de todo, y por medio del cual ha realizado los siglos* (Heb 1, 1-2).
   b *No hay Salvación en ningún otro, pues bajo el cielo no se ha dado a los hombres otro nombre por el que debamos salvarnos* (Hch 4, 12).

4. **Ordena el texto.**
   Dios, por medio de hechos y palabras, / y su plan de Salvación: hacer de todos los hombres hijos / se revela a sí mismo / adoptivos en su Hijo unigénito, / mediante la gracia del Espíritu Santo

5. **Completa las siguientes afirmaciones.**
   a Para comprender la figura de Cristo hacía falta una [...] previa.
   b Juan el Evangelista aprendió junto a Jesús que Dios es [...].
   c Dios escogió al pueblo de [...] para darse a conocer a los hombres.
   d Cristo es la Revelación [...] de Dios a los hombres.
   e Jesucristo es el [...] mediador entre Dios y los [...].

6. **CL** **CI** **Lee el siguiente texto del papa Francisco, reflexiona y realiza los ejercicios.**

> «Hoy se nos plantea el desafío de responder adecuadamente a la sed de Dios de mucha gente, para que no busquen apagarla en propuestas alienantes o en un Jesucristo sin carne y sin compromiso con el otro. Si no encuentran en la Iglesia una espiritualidad que los sane, los libere, los llene de vida y de paz, al mismo tiempo que los convoque a la comunión solidaria y a la fecundidad misionera, terminarán engañados por propuestas que no humanizan ni dan gloria a Dios» (*Evangelii gaudium,* n.° 89).

   a Extrae la idea principal del texto.
   b ¿Qué remedio sugiere el papa Francisco para que las personas no queden engañadas por propuestas deshumanizadoras?
   c Pon ejemplos concretos de cómo un creyente de tu edad puede transmitir la espiritualidad de la que se habla en el texto.

3 Dios, rico en amor y en fidelidad

interpretamos

1. ¿Por qué Abraham abandona la seguridad de su patria?
2. ¿Por qué Dios cambia el nombre a Abraham?
3. ¿La fe necesita el trato personal con Dios? Justifica tu respuesta.

PDF Jn 2, 1-12

Haced lo que él os diga

1. La fidelidad de Dios

Una de las verdades fundamentales transmitidas por la Revelación divina es la fidelidad de Dios en su amor al ser humano. Dios, que trasciende el tiempo y la historia, es eterno —desde siempre y para siempre—, y permanece fiel a sí mismo y a sus promesas.

1.1. En el origen

El paraíso, ese lugar donde nuestros primeros padres vivían en perfecta armonía y gozaban de los dones de Dios, se perdió por el pecado.

En un momento dado, el demonio siembra en el corazón del hombre la **duda:** *¿Conque Dios os ha dicho que no comáis de ningún árbol del jardín?* (Gén 3, 2). Esta duda fructifica cuando el ser humano **dialoga con el tentador:** *Del fruto del árbol que está en mitad del jardín nos ha dicho Dios: «No comáis de él ni lo toquéis, de lo contrario moriréis»* (Gén 3, 3). Este diálogo conduce a la **desconfianza** en Dios: *No, no moriréis; es que Dios sabe que el día en que comáis de él, se os abrirán los ojos, y seréis como Dios en el conocimiento del bien y del mal* (Gén 3, 4-5).

«¡Oh feliz culpa que nos mereció tener tan grande y excelente Redentor!». Con esta oración, que se reza en la vigilia pascual, agradecemos a Dios su amor y fidelidad.

Con el pecado, Adán y Eva obedecen a la apariencia antes que a la verdad. Olvidan que **Dios es la Verdad** misma: *Tú, [...] eres Dios, tus palabras son verdad* (2 Sam 7, 28). Como reacción, experimentan la vergüenza —*descubrieron que estaban desnudos* (Gén 3, 7)— y siguen alejándose de Dios, que no deja de llamarlos: *¿Dónde estás?* (Gén 3, 9).

Esta llamada es una constante en la historia de la Salvación. No es Dios quien se aleja del hombre, sino que es este quien se aleja voluntariamente de él. Pero Dios es fiel y no lo abandona: promete a Adán y a Eva un **Salvador:** *pongo hostilidad entre ti y la mujer, entre tu descendencia y su descendencia; esta te aplastará la cabeza cuando tú la hieras en el talón* (Gén 3, 15). Esta promesa es el primer anuncio de la Alianza de Dios con los hombres.

PDF **«La fidelidad en la misericordia es el ser de Dios», del papa Francisco.**

actividades

1. Reflexiona sobre lo que has estudiado en este epígrafe y realiza un comentario personal de la siguiente plegaria eucarística.
   «Cuando por desobediencia perdió tu amistad, no lo abandonaste al poder de la muerte [...] Reiteraste, además, tu alianza a los hombres».

2. CA Explica cómo es el amor y la fidelidad de Dios a partir del pasaje bíblico del pecado original.

3. CA Explica qué relación existe entre estos atributos de Dios.
   Dios es la verdad. / Dios es fiel. / Dios es amor.

1.2. En la historia de Israel

Tras el Diluvio, Dios promete a **Noé** una **Alianza** que dice que nunca volverá a romperse (Gén 9). Pero el pueblo le sigue dando la espalda: construye la torre de Babel con la idea de ser como Dios. La lucha entre la gracia y el tentador sigue recorriendo la historia. Sin embargo, también hay grandes ejemplos de fidelidad al Señor: **Abraham** es el más claro (Gén 11-22).

Por la fe obedeció Abraham a la llamada y salió hacia la tierra que iba a recibir en heredad (Heb 11, 8). Dios promete a Abraham una descendencia numerosa, a la vez que lo somete a pruebas exigentes: creer a pesar de la esterilidad de su matrimonio y aceptar el sacrificio de su hijo (Heb 11, 17). En la Sagrada Escritura, el patriarca se presenta como una realización palpable de la fe y la confianza en Dios.

Los descendientes de Abraham serán los depositarios de las promesas divinas hechas a los patriarcas. Dios forma a Israel como su pueblo elegido, el cual, esclavizado en Egipto, levanta su oración a Dios (Éx 2, 23-24). Dios, fiel y compasivo, auxilia a su pueblo.

Para ayudarlo a liberarse y a llegar a la Tierra Prometida, Dios envía un profeta: **Moisés.** Será un proceso largo —de cuarenta años— que nos mostrará nuevamente la infidelidad de los hombres y la perseverancia de Dios. El acercamiento de Dios alcanza su culminación en el monte Sinaí, con la entrega de las Tablas de la Ley: Dios está con ellos y les deja un testimonio de cómo deben vivir para mantenerse fieles a su compromiso con él.

Dios, por fin, envía los **profetas** para que anuncien «una radical Redención del pueblo y una Salvación que abrazará a todas las naciones en una Alianza nueva y eterna. Del pueblo de Israel, de la estirpe del rey David, nacerá el Mesías: Jesús» (Compendio del CEC, n.º 8).

Escenas de la película *Moisés*, dirigida por R. Young (1995).

info

¿Quién es el Dios de Moisés?

Esta misma pregunta hace el patriarca a Dios ante la zarza ardiente: ¿Cuál es su nombre? Y este le responde: «Yo soy el que soy» [...] *Esto dirás a los hijos de Israel: «El Señor, Dios de vuestros padres, el Dios de Abraham, Dios de Isaac, Dios de Jacob, me envía a vosotros. Este es mi nombre para siempre» (Éx 3, 13-15). Al revelar su nombre, Dios revela, al mismo tiempo, su fidelidad que es de siempre y para siempre, valedera para el pasado —Yo soy el Dios de tus padres (Éx 3, 6)— como para el porvenir —Yo estoy contigo (Éx 3, 12)— (CEC, n.º 207).*

Joel es el segundo de los doce profetas menores. *Fresco del profeta Joel*, en la Capilla Sixtina del Vaticano, de Miguel Ángel.

actividades

4. CL **Lee el Salmo 136 y contesta a las preguntas.**

a ¿Qué atributos de Dios destaca el salmista? **b** ¿A qué hechos de la historia de Israel hace referencia?

5. CL **Lee el Salmo 51 y contesta a las preguntas.**

a ¿Cuál es la actitud del que reza este salmo? **b** ¿Qué concepto tiene de Dios el salmista?

6. CL **Escribe una redacción de unas diez líneas en la que expliques cómo era la fidelidad de Dios al pueblo de Israel. Selecciona dos o tres hechos bíblicos que ilustren tus palabras.**

info

El Buen Pastor

Por medio de sus parábolas, Jesús se refiere a Dios como un padre que abraza al hijo que regresa a casa arrepentido, como un pastor que busca a la oveja descarriada, como un rey que invita a todos al banquete de bodas de su hijo. Quien me ha visto a mí ha visto al Padre, dice Jesús (Jn 14, 9). Y lo vemos acogiendo a los pequeños, a los cansados, a los pecadores, o compadecerse de la multitud hambrienta. Él es el Buen Pastor que da su vida por las ovejas (Jn 10, 11).

1.3. En la plenitud de los tiempos

El amor y la fidelidad de Dios a Israel y, por medio de él, a toda la humanidad, culmina con la venida de su Hijo al mundo. Dios había hablado en el pasado por medio de hombres, pero ahora es Dios mismo quien habla: *En muchas ocasiones y de muchas maneras habló Dios antiguamente a los padres por los profetas. En esta etapa final, nos ha hablado por el Hijo* (Heb 1, 1-2).

Jesús de Nazaret es el cumplimiento de las antiguas promesas hechas a Abraham y es el Mesías anunciado por los profetas: *Porque tanto amó Dios al mundo, que entregó a su Unigénito* [...] *para que el mundo se salve por él* (Jn 3, 16-17).

Jesucristo da testimonio de la verdad: *Yo para esto he nacido y para esto he venido al mundo: para dar testimonio de la verdad. Todo el que es de la verdad escucha mi voz* (Jn 18, 37). Y tiene una misión: *Mi alimento es hacer la voluntad del que me envió y llevar a término su obra* (Jn 4, 34). ¿Y cuál es esa misión?

«La misión que Jesús ha recibido del Padre ha sido la de revelar el misterio del amor divino en plenitud. *Dios es amor*, afirma el evangelista Juan. [...] Este amor se ha hecho ahora visible y tangible en toda la vida de Jesús» (Francisco, *Misericordiae vultus*, n.º 8). *El Hijo del hombre no ha venido a ser servido, sino a servir y a dar su vida en rescate por muchos* (Mc 10, 45).

Cada palabra y cada gesto de Jesús (especialmente, su misericordia con los marginados y los pecadores) hacen visible la fidelidad y el amor de Dios. Jesús ha venido a anunciar la Buena Nueva y a instaurar el Reino de Dios. Y estas son las pruebas que aporta: *los ciegos ven, los cojos andan, los leprosos quedan limpios y los sordos oyen, los muertos resucitan, los pobres son evangelizados* (Lc 7, 22). Su amor incondicional llega a su máxima expresión con su muerte redentora y su resurrección.

Escenas de la película *Jesús*, dirigida por R. Young (1999).

La ascensión del Señor, de G. Muziano. Siglo XVI.

actividades

7. CA Busca en los textos evangélicos los siguientes pasajes. Explica qué nos revelan sobre Dios y su relación con el ser humano.
   a Lc 15, 11-24. **b** Mt 18, 1-14. **c** Mt 22, 1-14. **d** Mt 19, 13-15. **e** Mt 11, 25-30. **f** Lc 5, 27-32. **g** Jn 6, 1-15.

8. Reflexiona sobre el siguiente texto del CEC (n.º 762) y relaciónalo con la institución de la Iglesia.
   «Por su elección, Israel debe ser el signo de la reunión futura de todas las naciones. Pero ya los profetas acusan a Israel de haber roto la alianza [...]. Anuncian, pues, una Alianza nueva y eterna. Jesús instituyó esta nueva Alianza».

2. Un Dios que se compromete

2.1. Una invitación personal

Dar cuenta de uno mismo es algo más que facilitar un nombre o una profesión. Cuando nos presentamos ante alguien que desea conocernos, contamos nuestra historia, es decir, narramos unos hechos que explican lo que ahora somos (y, si es una buena historia, lo que queremos llegar a ser).

Dios ha caminado junto al hombre y ha compartido su historia. Por eso, podemos conocerlo, experimentar su amor y fidelidad, y descubrir qué espera de nosotros. Él no busca la Salvación de la especie humana en general, sino una relación amorosa que se inicia, de nuevo, con cada persona. Dios me llama por mi nombre propio y espera de mí un compromiso personal: «Dios que te creó sin ti, no te salvará sin ti» (san Agustín).

Por eso, la fidelidad y el amor que Dios ha mostrado al ser humano, se encuentran también —hoy y ahora— en la vida de cada persona. «Dios es la Verdad misma, sus palabras no pueden engañar. Por ello, el hombre se puede entregar con toda confianza a la verdad y a la fidelidad de la Palabra de Dios en todas las cosas» (CEC, n.º 215). Esta entrega y confianza es lo que denominamos **fe.**

Esta relación entre Dios y el hombre se construye en torno a una Alianza de amor. Pero todo compromiso exige una respuesta libre. El hombre puede aceptar o rechazar la gracia de Cristo que el Espíritu Santo infunde en su alma para su santificación.

Como el protagonista de toda historia, el cristiano encuentra obstáculos en su vida; especialmente los de su propia debilidad. Por eso, Jesús ha querido que tomemos conciencia de ser hijos amados del Padre, que nos abandonemos a su **divina Providencia*** y que acudamos a él con confianza: *Si pedís algo al Padre en mi nombre, os lo dará* (Jn 16, 23).

Dios pide al hombre que tenga fe: seguridad y confianza en él y en sus enseñanzas.

vocabulario

Divina Providencia: conjunto de disposiciones por las que Dios conduce con sabiduría y amor a todas las criaturas a su fin último.

info

La Iglesia, el nuevo Pueblo de Dios

La Salvación prefigurada en la Antigua Alianza y realizada en la Nueva se hace presente hasta el final de los tiempos en la Iglesia, fundada por Cristo y abierta a todos los pueblos. Por medio de ella, el Espíritu Santo perdona los pecados y santifica las almas, configurándolas con Jesucristo y otorgándoles la dignidad de hijos de Dios. La comunión con Dios, rota por el pecado, es posible de nuevo. La Iglesia es el instrumento por medio del cual Cristo realiza y hace visible el misterio del amor de Dios por los hombres.

actividades

9. CL Lee el Salmo 138 y responde a las preguntas.

a ¿Qué actitud expresa el salmo? **b** Enumera los motivos por los que el salmista da gracias al Señor.

10. CA Describe varias situaciones en las que una persona de tu edad y tus circunstancias puede descubrir la bondad de Dios, darle gracias y confiar en su Providencia.

11. CA Busca las siguientes citas bíblicas, reprodúcelas en tu cuaderno y explica en qué consiste la divina Providencia.

a Sab 8, 1. **b** Mt 6, 31-33. **c** 1 Pe 5, 7. **d** Lc 12, 27-28.

2.2. Consecuencias para el creyente

El amor y la fidelidad de Dios es una verdad capaz de orientar el actuar humano. Aunque consciente de su pequeñez y de su pecado, gracias a la fe, el hombre puede tener la certeza de que Dios permanece siempre a su lado. De ahí que esta fe mueva al creyente a:

- **Reconocer la bondad de Dios.** Mientras que todas las criaturas han recibido de Dios el ser, Dios es por sí mismo y en plenitud. Todo lo que existe es un reflejo de esa plenitud del ser que es Dios.

  El creyente es consciente de que todo lo que es y todo lo que posee viene de Dios: *¿Tienes algo que no hayas recibido?* (1 Cor 4, 7); *¿Cómo pagaré al Señor todo el bien que me ha hecho?* (Sal 116, 12). La alabanza y la acción de gracias debería ser la actitud habitual de los que, por la fe y el Bautismo, son hijos de Dios.

  En la parábola del hijo pródigo, el hermano mayor no comprende la misericordia del padre con el hermano que regresa a casa. Se comporta como un siervo porque no ha entendido su condición de hijo: *En tantos años como te sirvo, sin desobedecer nunca una orden tuya.* Pero el padre le explica: *Hijo, tú estás siempre conmigo, y todo lo mío es tuyo* (Lc 15, 29-31). La gran novedad del cristianismo es la elevación del hombre a la dignidad de hijo de Dios.

- **Promover el respeto a la dignidad de todas las personas.** Todos los hombres y mujeres son objeto del amor de Dios y a todos ofrece la condición de hijos suyos. El creyente que quiere ser coherente con su fe no puede, por eso, rechazar a nadie. Ha de amar y defender la dignidad de todos y compartir los bienes de la Creación, puesto que Dios los ha creado para el bien de todos.

Con la oración, nos comunicamos con Dios para agradecerle, pedirle o simplemente expresarle nuestros sentimientos.

actividades

12. **CL** **Lee el Salmo 118 y realiza las actividades.**

a Enumera las razones por las que el salmista da gracias a Dios. **b** Sé creativo y añade dos estrofas nuevas a este salmo.

13. **Completa las afirmaciones con el final que corresponda.**

a Todas las personas poseen una dignidad… **b** Todas las criaturas deben ser respetadas… **c** Los bienes de la Tierra han sido creados…

1 porque Dios las ha creado. **2** para el bien de todos. **3** sagrada que se debe respetar siempre.

14. **CS** **Reflexiona y contesta. ¿Por qué la preocupación de la Iglesia se dirige a todos y su labor se extiende a la consecución del bien de todos? Pon ejemplos concretos de esta preocupación y de esta labor.**

- **Ser fiel a Dios.** Puesto que Dios es fiel a su amor, el creyente se esforzará por ser, a su vez, fiel a Dios: *permaneced en mi amor. Si guardáis mis mandamientos, permaneceréis en mi amor; lo mismo que yo he guardado los mandamientos de mi Padre y permanezco en su amor* (Jn 15, 9-10). Jesús pide fidelidad: *El que es fiel en lo poco, también en lo mucho es fiel* (Lc 16, 10). A sus discípulos se les llama, precisamente, fieles.

- **Ser fiel a los hombres.** Dios es fiel, de modo que las virtudes naturales de la lealtad y la buena fe han de caracterizar a los cristianos en sus relaciones laborales, económicas, de amistad, familiares, etc. *Sed perfectos* —pide Jesús—, *como vuestro Padre celestial es perfecto* (Mt 5, 48).

  El amor y la fidelidad en el matrimonio es uno de los ámbitos en los que se refleja el amor de Dios con más claridad. La comunidad de amor que constituyen los esposos refleja de una manera especial la comunión de amor que es la Trinidad.

- **Confiar en Dios en todas las circunstancias.** El amor de Dios alimenta la fe y la esperanza del cristiano. Para el creyente, los momentos de prueba son ocasión de experimentar de una manera personal la cercanía de Dios. El creyente fiel se puede abandonar confiadamente en sus manos, y encontrar en ellas la paz y la esperanza.

  Ni siquiera la tentación será motivo de inquietud: *Dios es fiel, y él no permitirá que seáis tentados por encima de vuestras fuerzas* (1 Cor 10, 13). Y el pecado nunca le hará desesperar: *Si confesamos nuestros pecados, él, que es fiel y justo, nos perdonará los pecados y nos limpiará de toda injusticia* (1 Jn 1, 9).

PDF **«La fidelidad a Dios no se negocia», del papa Francisco.**

PDF **«La fidelidad de María», de san Juan Pablo II.**

info

Bienaventurada la que ha creído

«La Virgen María acogió el anuncio y la promesa que le traía el ángel Gabriel, creyendo que para Dios nada hay imposible (Lc 1, 37). [...] Durante toda su vida, y hasta su última prueba, cuando Jesús, su hijo, murió en la cruz, su fe no vaciló. María no cesó de creer en el "cumplimiento" de la Palabra de Dios. Por todo ello, la Iglesia venera en María la realización más pura de la fe» (CEC, n.os 148-149).

Fresco de la escena de la Anunciación, anónimo.

actividades

15. CI Describe actitudes que te parezcan propias y otras que consideres impropias de una persona que es consciente de ser hija de Dios por el Bautismo.

16. CA Sintetiza en un enunciado la enseñanza de las palabras de Jesús en Mt 25, 31-46.

17. CL Lee el Salmo 23 y responde a las preguntas.
a ¿Qué actitud expresa el salmo? **b** ¿Qué dos imágenes utiliza el salmista para comparar la bondad de Dios?

18. Vuelve a leer el pasaje evangélico de la boda de Caná y explica por qué decimos que María es nuestra madre. También puedes consultar los n.os 967-969 del CEC.

fe y vida

El Coliseo es un anfiteatro construido en Roma en el siglo I. Fue el escenario en el que murieron los primeros cristianos por profesar su fe.

La fidelidad de los mártires

La fidelidad a Dios, la correspondencia a su amor, tiene su máxima expresión en el martirio. En el cristianismo, los mártires son aquellos que han llegado hasta la muerte a causa de su fe. La palabra *mártir* significa 'testigo' en griego.

Desde los primeros tiempos, la Iglesia mostró gran veneración por quienes habían dado su vida por la fe. Sus tumbas ocupaban un lugar destacado en las catacumbas y la Iglesia conservó las actas de los interrogatorios procesales que llevaba a cabo la autoridad romana. El emperador Diocleciano mandó destruirlas cuando se dio cuenta de que, en lugar de reducir a los cristianos, los reforzaba en su fe y movía a otros a seguir a Cristo. Son elocuentes las palabras de Tertuliano (siglo II): «La sangre de los mártires es semilla de nuevos cristianos».

Aquellos tiempos de la Iglesia siempre se han considerado como la etapa de los mártires, pero actualmente se sabe que durante el siglo XX hubo más mártires que en las centurias anteriores. Por desgracia, sigue siendo así hoy en día. El papa Francisco se refiere con frecuencia a la persecución que sufren los cristianos en muchos lugares del mundo y pide constantemente la solidaridad y la ayuda de la oración por esos hermanos perseguidos.

En una ocasión, hablando de la persecución religiosa en Oriente Medio, hizo referencia a «la sangre de un gran número de cristianos mártires que también hoy, de manera dramática, sigue siendo derramada en el campo del mundo, con la esperanza cierta que fructificará en una cosecha abundante de santidad, de justicia, reconciliación y amor de Dios».

mejora tus competencias

1. CL Lee el relato de la muerte de Esteban, el primer mártir cristiano, en los Hechos de los Apóstoles. Explica con tus palabras cuál fue su actitud ante sus verdugos.

2. CL En pequeños grupos, buscad en Internet el acta de un mártir de la Antigüedad; si es posible, que no se repitan. Después de leer el acta, haced un resumen y explicadlo al resto de la clase.

3. CC Busca alguna noticia o entrevista reciente que haga referencia a la persecución actual de los cristianos. Explica sus causas y por qué crees que no se detienen esas matanzas.

4. CA Explica por qué el ejemplo de los mártires es un estímulo para la Iglesia, como señalan las palabras del papa Francisco.

fe y cultura

El regreso del hijo pródigo

Rembrandt van Rijn (1606-1669) es uno de los máximos exponentes del grabado y la pintura barroca en los Países Bajos y en toda Europa.

Además de numerosos retratos, autorretratos y escenas de género, cultivó también el tema bíblico, dando a los personajes representados una interpretación personal, profundamente emotiva y espiritual. Así puedes comprobarlo en esta pintura, en la que se representa el encuentro del hijo pecador arrepentido con su padre, que Jesús narró a los discípulos. Rembrandt la pintó en 1662 y actualmente se puede contemplar en el Museo del Hermitage (San Petersburgo, Rusia).

El retorno del hijo pródigo. En esta obra, el pintor holandés se inspiró en la parábola del hijo pródigo de la Biblia. La escena refleja el perdón del padre frente al hijo arrepentido.

mejora tus competencias

5. CC CA Observa atentamente la pintura y realiza las actividades.

a En primer lugar, lee con atención la parábola del hijo pródigo en Lc 15, 11-32.
b A continuación, vuelve a observar el cuadro y haz las actividades que siguen.
1 ¿En qué parte del cuadro se concentra la luminosidad? **2** ¿Qué expresan la vestimenta, el calzado y la postura del personaje que está de espaldas? **3** ¿Qué manifiestan la postura y el gesto del hombre mayor? **4** ¿Qué revelan la postura y el gesto del personaje de la derecha? **5** Compara el gesto de las manos del padre y del hijo mayor.
c Fíjate, además, en los siguientes detalles y elabora una presentación donde, con imagen, sonido y texto, expliques estos detalles y el significado del cuadro.
1 La túnica roja del padre se abre en una forma curva, acogedora; la del hijo mayor cae de manera vertical y rígida. **2** Las manos del padre son distintas una de la otra. La izquierda es fuerte y presiona la espalda del joven. La mano derecha es delicada y se apoya con ternura, acariciando, como las manos de un padre y una madre.

síntesis

DIOS, RICO EN AMOR Y EN FIDELIDAD

- **Prepara al hombre gradualmente para que acoja la Salvación**
  - Tras el pecado, promete un Salvador a Adán y Eva
  - La Alianza con Noé
  - La elección de Abraham
  - Dios forma a su pueblo, Israel, y lo prepara con los profetas
- **Envía a su Hijo en la plenitud de los tiempos**
  - Jesucristo es el Mesías en el que se cumplen las antiguas promesas
  - Nos revela el misterio del amor divino
  - Anuncia la Buena Nueva e instaura el Reino de Dios
  - Hace visible la fidelidad y el amor de Dios
    - Muere y resucita por la Salvación de todos los hombres
- **Se compromete con el ser humano**
  - Llama a cada ser humano por su nombre
  - La fe del hombre en Dios exige un compromiso personal:
    - Reconociendo la bondad de Dios
    - Promoviendo el respeto a la dignidad de todas las personas
    - Siendo fiel a Dios
    - Siendo fiel a los hombres
    - Confiando en Dios

si me preguntan, qué respondo

¿Por qué es importante la Revelación del nombre de Dios?

Al revelar su nombre, Dios da a conocer las riquezas contenidas en su misterio inefable: solo él es, desde siempre y por siempre, el que trasciende el mundo y la historia. Él es quien ha hecho cielo y Tierra. Él es el Dios fiel, siempre cercano a su pueblo para salvarlo. Él es *rico en misericordia* (Ef 2, 4), siempre dispuesto al perdón. Él es la verdad y el amor (Compendio del CEC, n.° 40).

¿De qué modo Dios revela que él es amor?

Dios se revela a Israel como aquel que tiene un amor más fuerte que el de un padre o una madre por sus hijos, o el de un esposo por su esposa. Dios en sí mismo es amor, que se da completa y gratuitamente. Al mandar a su Hijo y al Espíritu Santo, Dios revela que él mismo es eterna comunicación de amor (Compendio del CEC, n.° 42).

¿Qué consecuencias tiene creer en un solo Dios?

Creer en Dios, el Único, comporta: conocer su grandeza y majestad; vivir en acción de gracias; confiar siempre en él, incluso en la adversidad; reconocer la unidad y la verdadera dignidad de todos los hombres, creados a imagen de Dios; usar rectamente las cosas creadas por él (Compendio del CEC, n.° 43).

En la práctica, ¿qué significa para el hombre creer en Dios?

Creer en Dios significa para el hombre adherirse a Dios mismo, confiando plenamente en él y dando pleno asentimiento a todas las verdades por él reveladas, porque Dios es la verdad. Significa creer en un solo Dios en tres personas: Padre, Hijo y Espíritu Santo (Compendio del CEC, n.° 27).

aCtividadeS

1. **CL CI Sírvete de lo que has aprendido en esta unidad para escribir una reflexión en la que compares la historia de Israel y su relación con Dios, con la historia imaginaria de una persona.**

   Antes de comenzar a escribir, recuerda los dones y los cuidados de Dios con Israel, su respuesta, la paciencia de Dios, las circunstancias que lo llevan a la conversión, etc. Lo que le suceda a esa persona ficticia deben ser hechos (internos o externos) que realmente ocurren o que pueden ocurrir a alguien de tu entorno.

2. **CL Lee las siguientes citas y escribe varias palabras que expresen la actitud interior de una persona que vive cada una de estas enseñanzas de Jesús.**

a Mt 11, 28	**d** Jn 14, 1
b Jn 10, 11-15	**e** Lc 4, 8
c Jn 7, 37	**f** Lc 6, 1-5

3. **Lee los siguientes fragmentos del evangelio de Marcos e indica cuál es la actitud de Jesús en cada uno de ellos. A continuación, extrae una conclusión.**

a Mc 1, 30-31	**d** Mc 6, 34
b Mc 1, 40-42	**e** Mc 8, 2-3
c Mc 6, 31	**f** Mc 10, 46-52

4. **CL CS Las palabras de Jesús en Mt 25, 31-46 son el origen de las llamadas obras de misericordia. Se trata de una síntesis de las variadísimas manifestaciones materiales y espirituales que puede adoptar el amor al prójimo. Por medio de ellas, el cristiano hace visible, de nuevo, la predicación de Jesús, y expresa su fidelidad y amor a Dios y a los demás. Formad grupos de dos o tres estudiantes y realizad las siguientes actividades.**

   a Elaborad la lista de las obras de misericordia materiales y espirituales.
   b Escribid un breve comentario de cada una de ellas, explicando cómo se pueden practicar en la vida normal de una persona de vuestra edad y circunstancias. Utilizad vuestra imaginación y creatividad.
   c Buscad en la historia de la Iglesia el ejemplo de personas o de instituciones que hayan destacado por la práctica de una o varias obras de misericordia.
   d Encontrad el ejemplo de una persona o de una institución —cristiana o no— que se dedique específicamente a una actividad que encaje con alguna de las obras de misericordia.
   e Confeccionad un cartel creativo para explicar las obras de misericordia.

5. **Repasa mentalmente tu vida. Si así lo deseas, da gracias a Dios en silencio por todos los momentos en los que has experimentado su amor y su proximidad.**

6. **CL CA Consulta en Internet el punto n.° 40 del Compendio del CEC y escribe una lista con las características que se atribuyen a Dios.**

7. **CL Lee los versículos 1-3 del Salmo 27 y contesta a las preguntas.**

   a ¿Qué idea se expresa en este fragmento?
   b ¿En qué se fundamenta la serenidad del cristiano?

4 Dios es compasivo y misericordioso

interpretamos

1. Cuándo una persona está dispuesta a morir por otra, ¿eso qué quiere decir?
2. ¿Cuál fue el motivo de la pasión y muerte de Jesús?
3. ¿Qué significan las últimas palabras de Jesús en la cruz: *Está cumplido*?

voy a las fuentes

PDF Jn 19, 1-30

La pasión y muerte de Jesús

1. Necesitamos consuelo y esperanza

1.1. Todos tenemos algo que nos hace sufrir

El ser humano, hombre o mujer, es limitado y frágil. Todos experimentamos la limitación física: el cansancio, el sueño, el hambre... Otras veces, padecemos los límites de la propia personalidad: la pereza en el estudio, la inseguridad ante acontecimientos del pasado o del futuro, prejuicios sobre nuestro aspecto físico, etcétera.

La fragilidad se hace presente en la vida humana, en la nuestra y en la de las personas a las que queremos (por ejemplo, ante la enfermedad o la muerte). No se trata solo de la fragilidad corporal, sino que las dificultades también se presentan en las relaciones con los demás: la infidelidad de aquellos a los que considerábamos amigos, la incomprensión en las relaciones con nuestros padres, etcétera.

info

Acoger y ser acogidos

El sufrimiento es una experiencia universal, no solo de los pobres o los marginados. Es probable que en tu familia haya alguien enfermo o anciano. Seguramente, entre tus amigos alguno tendrá dificultades para estudiar o para relacionarse con otros. Tú mismo puedes tener alguna enfermedad o dificultad que te haga sufrir. Lo más eficaz en estos casos es el consuelo: alguien que nos acompañe y nos acoja. Sentirse amado y aceptado es la mejor medicina —y, en ocasiones, no se puede hacer mucho más—.

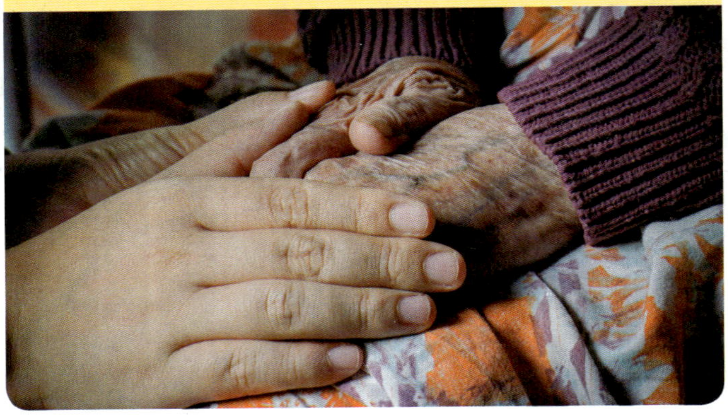

Otra fuente de sufrimiento —en este caso, moral— es la que causa el pecado: el que recae sobre nosotros o el que cometemos. En un gran número de ocasiones, sufrimos porque somos víctimas de la injusticia o del egoísmo de otras personas para las que solo existe su interés. La muchedumbre de pobres del mundo experimentan las consecuencias de nuestra falta de solidaridad, que es un pecado. El pecado que cometemos cuando somos codiciosos o desobedientes también nos hace sufrir: nos remuerde la conciencia.

Hasta lo más grande que tenemos nos hace sufrir: el amor, a veces, duele. No es raro que nuestros padres se preocupen por nosotros o que lo pase mal una persona que sufre por los demás.

En resumen, de la observación de la vida propia y la de los demás, se deduce que los seres humanos sufrimos por la limitación física o psíquica, el pecado o el amor. Por eso, buscamos consuelo. Necesitamos a alguien que alivie nuestro dolor haciéndose solidario con nosotros. Sentirnos acompañados por otra persona nos conforta en los malos momentos.

actividades

1. Busca dos ejemplos para cada tipo de sufrimiento.
   a Físico o psíquico no voluntario. **b** Limitaciones debidas a la fragilidad humana. **c** Pecado.
2. **CA** ¿Cuál es la diferencia entre las debilidades que todo ser humano sufre y el pecado?
3. **CS** Si estuvieses sufriendo personalmente por algo, ¿cuál crees que sería la mejor opción, pasarlo en soledad o compartirlo con alguien? Razona tu respuesta.

S X III a.C s VII a C

1950 aC Moisés Isaías

1.2. El sufrimiento del pueblo de Israel

En la historia del pueblo de Israel hay acontecimientos que suponen un antes y un después. Es el caso de la invasión del reino de Judá por parte de Babilonia, en el año 587 a. C.

La deportación a Babilonia.

El ejército de Nabucodonosor, rey de Babilonia, arrasó el territorio de la tribu de Judá (parte de la actual nación de Israel). La invasión de ese ejército provocó millares de muertos en las batallas o por las consecuencias que estas trajeron (hambruna, enfermedades…). Los descubrimientos arqueológicos demuestran que se arrasaron ciudades enteras, como Sefela.

Además, se destruyó el templo de Salomón, el símbolo más sagrado de la predilección de Dios para los israelitas.

Se deportó a Babilonia una parte de la población que sobrevivió; se calcula que fueron entre 5 000 y 10 000 personas de las clases dirigentes. Muchos huyeron del país buscando seguridad en otros lugares. La población de Judá pasó de unos 250 000 habitantes a solo 20 000.

Detalle de una maqueta del templo de Jerusalén tal y como fue reconstruido por Herodes el Grande alrededor del año 19 a. C.

Todos estos acontecimientos supusieron un enorme sufrimiento para el pueblo de Israel. Parecía que Dios había olvidado su promesa. Él había sido siempre fiel. Israel existía porque Dios lo había constituido y lo había formado: por eso era el Pueblo de Dios. Se manifestó a Abraham prometiéndole una nueva tierra. Más tarde, lo salvó de la esclavitud de Egipto. Gracias a su ayuda y a su protección, llegó y se instaló en la Tierra Prometida.

Esta era la Alianza de Dios con su pueblo: si ellos lo amaban y cumplían sus mandatos, Dios les daría una *tierra que mana leche y miel* (Éx 33, 3). Ellos serían su pueblo y él sería su Dios. Ahora, sin embargo, los babilonios les quitaban su tierra y su libertad. Era una gran prueba para su fe. ¿Por qué Dios no los ayudaba? ¿Por qué Dios permitía tanto sufrimiento?

actividades

4. CC **Localiza en un mapa bíblico el itinerario que siguió el pueblo de Israel en la deportación a Babilonia. Señálalo en un mapa mudo y calcula la distancia en kilómetros.**

5. CA **El destierro a Babilonia no fue el único momento de dificultad para los israelitas. Busca las siguientes citas bíblicas, explica qué acontecimientos se refieren en ellas y a qué etapa de la historia del pueblo de Israel corresponden.**

a Éx 1, 1-14. **b** 1 Mac 1, 16-28.

6. CA **El Salmo 137 es una llamada de esperanza al pueblo elegido en un momento de gran sufrimiento físico y espiritual. Léelo y contesta a las preguntas.**

a ¿Por qué es tan importante Jerusalén para el salmista? **b** ¿Por qué a los judíos no les es posible cantar *en tierra extraña*?

2. La búsqueda de consuelo y esperanza

esperar al mesías

2.1. El mesianismo como respuesta

Durante el exilio, los israelitas reflexionaron y fueron conscientes de que, en muchas ocasiones, ellos habían sido infieles a Dios. Además, habían pecado gravemente al transgredir el mandamiento principal de la Alianza: adorar exclusivamente a Dios. Habían confiado en otros dioses, cayendo en el pecado de idolatría.

info

La infidelidad del pueblo

En la Biblia se habla muchas veces de los pecados de Israel. Todos ellos tienen un denominador común: la desobediencia y la infidelidad. Dios había elegido a su pueblo, pero, a cambio, debía corresponderle. Sin embargo, una y otra vez, el pueblo le era infiel y adoraba a otros dioses. El caso más llamativo es el del becerro de oro (Éx 32). Otras veces, Israel ponía su esperanza en un mesías político ante quien sucumbirían los pueblos que lo amenazaban o dominaban. Así pensaba, por ejemplo, Barrabás, que se salvó de la pena de muerte cuando crucificaron a Jesús y que había sido protagonista de una revuelta contra los romanos (Mt 27, 15).

Durante su exilio en Babilonia, los israelitas comprendieron que, si convertían su corazón a Dios, oraban y eran fieles a su ley, Dios los escucharía y les permitiría regresar a la Tierra Prometida, conquistada en tiempos de Josué. Eran el Pueblo de Dios, que es misericordioso, capaz de perdonar sus pecados. Su fe les daba la certeza de que Dios cumpliría su parte del pacto de la Alianza.

Por eso, lejos de su tierra, los israelitas no perdieron la esperanza. Dios no los abandonaría y enviaría al Mesías prometido, un rey como David, bajo cuyo reinado Israel había expandido su territorio y había aumentado su riqueza. Este Mesías volvería a reconstruir el templo y la ciudad de Jerusalén. En definitiva, instauraría el definitivo Reino de Dios.

Algunos judíos pensaban que la llegada del Salvador era inminente y esperaban un jefe militar que, por medio de la guerra, les devolvería la gloria perdida, una gloria terrena. Ellos cumplirían los Mandamientos de Dios y él los ayudaría a triunfar sobre sus enemigos.

Pero no todos los israelitas entendían así la misión del Mesías. Otros judíos creían que Dios les enviaría un profeta que se solidarizaría con ellos, los consolaría y sufriría por ellos. Sería algo semejante a lo que ya había ocurrido con José en tiempos del exilio en Egipto: el hijo pequeño de Jacob que, tras ser vendido por sus hermanos como esclavo, los perdonó y los ayudó a sobrevivir.

actividades

7. **Ordena el siguiente texto.**

para convertirlo en padre de un gran pueblo, al que luego / y para que esperara al Salvador prometido. / instruyó a través de los patriarcas, de Moisés y de los profetas / Dios, en su tiempo, llamó a Abraham / para que lo reconociera como Dios único, vivo y verdadero,

▲ **8.** CA **Une cada enunciado con la cita bíblica que le corresponda.**

a Dios prometió a su pueblo una Alianza nueva y eterna, destinada a todos los hombres. **b** La Nueva Alianza será grabada en los corazones: todos conocerán a Dios y él perdonará sus pecados. **c** Los profetas anuncian una Redención radical del Pueblo de Dios. **d** Esta Salvación incluirá a todas las naciones.

1 Is 49, 5-6. **2** Ez 36, 22-38. **3** Jer 31, 31-34. **4** Is 2, 2-4.

El Hijo de Dios

2.2. El Siervo de Yahvé

Esta esperanza consoladora en la venida del Salvador se recoge en cuatro pasajes del libro del profeta Isaías, que se denominan **cánticos del Siervo de Yahvé:**

- **Canto de la misión del Siervo** (Is 42, 1-4). Este se presenta como un elegido de Dios, cuya misión será «devolver el derecho», es decir, restaurar el designio de Dios.
- **Canto de la respuesta del Siervo a la llamada de Dios** (Is 49, 1-6). El protagonista acepta la misión que Dios le confiere: restablecer el plan divino.
- **Canto del sufrimiento y la confianza** (Is 50, 4-9). Narra las dificultades y sufrimientos que el Siervo padecerá en el cumplimiento de su misión: le pegarán, escupirán y ultrajarán.
- **Canto de la Pasión y la gloria** (Is 52, 13-15; 53, 1-12). El dolor del Siervo no es solo físico, sino también psicológico y moral. Explica, además, por qué la restauración de la Alianza reclama su sufrimiento: con él, el Siervo de Yahvé devuelve la esperanza al pueblo que sufre. Su padecimiento es, así, vicario y expiatorio; es decir, sufre en nombre de su pueblo y, en virtud de ello, los pecados de este serán perdonados y experimentará la misericordia de Dios.

Durante el tiempo del exilio y gracias a profecías como la del Siervo de Yahvé, los judíos profundizaron en la Palabra de Dios y comprendieron que:

- Dios prometía a su pueblo, no solo una liberación material (una tierra rica o seguridad), sino algo más **profundo y espiritual:** él vivirá en el corazón de los que creen en él y cumplen sus mandatos.
- La Salvación de Dios la alcanzará, no un personaje poderoso —como el rey David—, sino un enviado de Dios que, sin ser pecador, **sufrirá por los pecados cometidos por todos.**

De este modo, la Revelación no está acabada en el Antiguo Testamento. Su plenitud se encuentra en Jesús: él es la promesa de Dios.

info

Las profecías de la Pasión

En el Nuevo Testamento se encuentran grandes semejanzas con lo que anuncian los cantos del Siervo de Yahvé. En Is 53, 2.3, por ejemplo, se lee: Creció en su presencia como brote, como raíz en tierra árida, sin figura, sin belleza. Lo vimos sin aspecto atrayente. [...] despreciado y desestimado. En Lc 22, 63-65 pone: Y los hombres que tenían preso a Jesús se burlaban de él, dándole golpes. Y, tapándole la cara, le preguntaban, diciendo: «Haz de profeta: ¿quién te ha pegado?». E, insultándolo, proferían contra él otras muchas cosas.

PDF **Cánticos del Siervo de Yahvé.**

actividades

9. **Relaciona cada uno de los cánticos del Siervo de Yahvé con el contenido que le corresponda.**

a Canto de la respuesta del Siervo a la llamada de Dios. **b** Canto de la Pasión y la gloria. **c** Canto del sufrimiento y la confianza. **d** Canto de la misión del Siervo.

1 Narra el sufrimiento que padece el Siervo para cumplir la misión. **2** Presenta al Siervo como elegido de Dios. **3** Muestra que el sufrimiento del Siervo sirve para obtener el perdón de los pecados para el pueblo. **4** El Siervo acepta la misión que Dios le encomienda.

10. **Corrige las siguientes afirmaciones, cuando sea necesario.**

a La liberación que Dios prometió a su pueblo era esencialmente material. **b** El Mesías prometido sufriría en nombre de su pueblo. **c** El Siervo de Yahvé sería un nuevo rey David, poderoso y triunfante.

11. **Explica con tus palabras qué clase de liberación prometió Dios a los israelitas y qué tipo de Mesías traería tal liberación.**

3. Jesús es el Siervo de Yahvé

info

La basílica del Santo Sepulcro

La crucifixión tuvo lugar fuera de las murallas de la ciudad. Esas murallas se destruyeron cuando se construyeron otras nuevas y, tanto el Calvario como el sepulcro, quedaron dentro de la ciudad de Jerusalén. En la época del Señor, aquella pequeña colina de piedra blanca se encontraba, además, al aire libre. Actualmente, tanto el lugar donde un día se alzó la cruz como la pequeña gruta en la que enterraron a Jesús, se hallan bajo un mismo techo, el de la basílica del Santo Sepulcro.

Jesús muere en la cruz.

Fragmento de *La Pasión según san Mateo*, de J. S. Bach.

3.1. Jesús es el Dios compasivo

Jesús, cuando habla de sí mismo llamándose «Hijo del hombre», se refiere implícitamente a la profecía del Siervo de Yahvé. Lo anunció en varias ocasiones: *El Hijo del hombre tiene que padecer mucho,* [...] *ser ejecutado y resucitar a los tres días* (Mc 8, 31).

Así **lo habían anunciado los profetas.** Y de este mismo modo lo reconocieron los Apóstoles que vieron en él al Siervo de Yahvé: *El Dios de Abraham, de Isaac y de Jacob, el Dios de nuestros padres, ha glorificado a su siervo Jesús, al que vosotros entregasteis;* [...] *matasteis al autor de la vida, pero Dios lo resucitó de entre los muertos* (Hch 3, 13.15).

De hecho, los relatos evangélicos en los que se narra la tortura a la que fue sometido Jesús antes de su crucifixión y muerte, se asemejan mucho a los textos del Siervo de Yahvé. Hay en estos un versículo especialmente iluminador: *El Señor quiso triturarlo con el sufrimiento, y entregar su vida como expiación* (Is 53, 10). En él se nos transmiten dos **enseñanzas:**

- El sufrimiento, la muerte y la resurrección del Mesías, de Jesús, suceden **en nombre de la humanidad pecadora.** El ser humano se había alejado de Dios y solo podía volver a él si alguien, en nombre de toda la humanidad, hacía un acto de amor tan grande que borrara el pecado cometido. Ese solo podía ser el Hijo de Dios hecho hombre.
- El sufrimiento de Jesús en su pasión y muerte es **fruto del amor.** El amor hace sufrir y, en el caso de Cristo, el dolor de su amor fue que murió por nosotros: *En esto consiste el amor: no en que nosotros hayamos amado a Dios, sino en que él nos amó y nos envió a su Hijo como víctima de propiciación por nuestros pecados* (1 Jn 4, 10).

En Jesús, muerto y resucitado, se cumple la profecía del Antiguo Testamento y **se confirma todo lo que hizo y enseñó.**

actividades

12. Las siguientes citas relacionan la vida de Jesús con lo que Isaías profetizó en los cánticos del Siervo de Yahvé. Léelas despacio y escribe los versículos de los cánticos con los que creas que más se relaciona cada una de ellas.
a Mt 12, 15-21. **b** Flp 2, 6-11. **c** Lc 2, 29-32. **d** Jn 19, 1-3. **e** Lc 4, 16-19.

13. CA Lee el siguiente texto del profeta Miqueas y relaciónalo con lo que has estudiado en la unidad.
Y tú, Belén Efratá, pequeña entre los clanes de Judá, de ti voy a sacar al que ha de gobernar Israel. [...] *Él mismo será la paz* (Miq 5, 1.4).

14. CA ¿Por qué la muerte y la resurrección de Jesús confirman todo lo que hizo y enseñó? Si lo necesitas, puedes consultar el n.º 651 del CEC.

3.2. Jesús es el consuelo y la esperanza

Todos tenemos algo que nos hace sufrir, pero también tenemos **un Dios que nos acompaña y que sufre con nosotros:** esto nos debe consolar y dar esperanza en los peores momentos. Dios ha entrado en nuestra historia haciéndose hombre y sabe lo que es sufrir.

Jesús, con su sufrimiento, muerte y resurrección, nos ha redimido y ha obtenido la **Salvación de Dios:** *Por el Bautismo fuimos sepultados con él en la muerte, para que, lo mismo que Cristo resucitó de entre los muertos por la gloria del Padre, así también nosotros andemos en una vida nueva* (Rom 6, 4).

Dios es compasivo y misericordioso. Esto se percibe de forma especial en Jesús. Él es el Mesías, el Siervo de Yahvé que no solo ha sufrido **por nosotros,** sino también **con nosotros.** Esta solidaridad de Jesús con nuestro sufrimiento es el **origen del comportamiento del cristiano:** *Este es mi mandamiento: que os améis unos a otros como yo os he amado* (Jn 15, 12). El cristiano, imitando a Jesús, se solidariza con los que sufren.

La moral cristiana, fundamentada en la ley evangélica, invita a actuar por el amor que infunde el **Espíritu Santo** e impele a **acercarse a los que sufren** y a **ser compasivos** con ellos: «Sufrir con el otro, por los otros; sufrir por amor de la verdad y de la justicia; sufrir a causa del amor y con el fin de convertirse en una persona que ama realmente, son elementos fundamentales de humanidad.

»Pero una vez más surge la pregunta: ¿El otro es tan importante como para que, por él, yo me convierta en una persona que sufre? [...] La fe cristiana tiene precisamente el mérito de haber suscitado en el hombre, de manera nueva y más profunda, la capacidad de estos modos de sufrir que son decisivos para su humanidad» (*Spe salvi*, n.os 38-39).

La Resurrección, centro de la fe cristiana.

info

María, corredentora

La Iglesia nos enseña la unión entre la misión salvadora de Jesús y la de su Madre mediante el título de corredentora. Con él, manifiesta el papel singular de la Virgen María en la vida de los creyentes. Si la pasión de Jesús es conmovedora, no lo es menos la que la Virgen María sufrió a su lado. Santa María ofreció su propia pasión al Padre, unida a su Hijo, para la Salvación de los hombres.

actividades

15. CL Busca en tu biblia esta cita evangélica: Lc 10, 29-37. Realiza un comentario escrito que no supere las diez líneas.

16. Explica la aparente paradoja de estas palabras que Jesús dirige a sus discípulos.
Y el que quiera ser primero entre vosotros, que sea vuestro esclavo (Mt 20, 27).

17. Ahora ya puedes explicar por qué la cruz es la señal del cristiano y por qué encuentra en ella la fuente de su esperanza y alegría.

18. Explica por qué decimos que la Virgen María es corredentora y que en ella tenemos a una Madre protectora y consoladora.

fe y vida

«En medio de estos tormentos, que aterrorizarían a cualquiera, por la gracia de Dios estoy lleno de gozo y alegría, porque no estoy solo, sino que Cristo está conmigo.»

Cartas desde el infierno

En 1857, Pablo Le-Bao-Thin estaba preso en un campo de concentración de Vietnam, por ser cristiano. Mientras padecía torturas, sabía que no estaba solo. Dios era su consuelo y esperanza.

En una carta que envió a los alumnos del seminario de Ke-Vinh en 1843, escribía: «Yo, Pablo, encarcelado por el nombre de Cristo, os quiero explicar las tribulaciones en que me veo sumergido cada día, para que, enfervorizados en el amor a Dios, alabéis conmigo al Señor, porque es eterna su misericordia (Sal 136). Esta cárcel es un verdadero infierno: a los crueles suplicios de toda clase, como son grillos, cadenas de hierro y ataduras, hay que añadir el odio, las venganzas, las calumnias, palabras indecentes, peleas, actos perversos, juramentos injustos, maldiciones y, finalmente, angustias y tristeza.

»En medio de estos tormentos, que aterrorizarían a cualquiera, por la gracia de Dios estoy lleno de gozo y alegría, porque no estoy solo, sino que Cristo está conmigo. Él, nuestro maestro, aguanta todo el peso de la cruz, dejándome a mí solamente la parte más pequeña e insignificante. Él, no solo es espectador de mi combate, sino que toma parte en él, vence y lleva a feliz término toda la lucha».

Pablo Le-Bao-Thin sentía que Cristo había descendido al «infierno» con él. Sabía que estaba cerca: por medio de él, las tinieblas se transformaban en luz. Benedicto XVI dice en la encíclica *Spe salvi:* «Desde la esperanza enseñó que "el sufrimiento —sin dejar de ser sufrimiento— se convierte, a pesar de todo, en canto de alabanza"».

El emperador Tu Duc lo condenó a muerte. Fue decapitado en el año 1857. San Juan Pablo II lo canonizó el 19 de junio de 1988.

mejora tus competencias

1. CL **Lee el testimonio de Pablo Le-Bao-Thin y contesta a las preguntas.**

a ¿Por qué estaba en la cárcel? **b** ¿Notó el abandono de Dios? **c** ¿Por qué sentía consuelo al recordar que Cristo soportó el peso de la cruz?

2. CD CL **Observa el video que se presenta como recurso, lee el texto que sigue y realiza las actividades.**

El sacrificio de Jesucristo en la cruz y la Santa Misa son un único sacrificio, pues se ofrece una misma víctima y se busca un mismo fin. Solo es diferente el modo de ofrecerse: en la cruz, la víctima se ofreció de modo cruento; en la Eucaristía, lo hace de modo incruento.

a En primer lugar, busca en el diccionario el significado de las palabras del texto que no entiendas y apúntalo en tu cuaderno.

b Si todavía no comprendes bien el texto, repasa los apartados que se dedican al sentido de la muerte redentora de Cristo de esta unidad y vuelve a ver el video sobre la Última Cena.

c ¿Qué relación se establece entre el sacrificio de Jesús y la Santa Misa? Si respondes adecuadamente a esta pregunta, tendrás la idea básica del texto.

d El autor da las razones que justifican la idea principal del texto, pero no las explica. Hazlo tú.

La Última Cena.

fe y cultura

El Cristo de Grünewald

El «mal del fuego sagrado» es una enfermedad que se debe a un hongo en el centeno, cereal muy común en la Europa del siglo XVI que se utilizaba para hacer pan. La persona infectada por ese hongo moría irremediablemente con un gran sufrimiento: comenzaba con escalofríos en los brazos y las piernas, a los que seguía una angustiosa sensación de quemazón; de ahí el nombre de la enfermedad. Parecía que las extremidades iban consumiéndose por un fuego interno. Los enfermos, si sobrevivían, quedaban mutilados y deformados.

Era una enfermedad sin curación. Cuando comenzaba la peste, la gente bebía infusiones de hierbas que no eran eficaces. A los enfermos recluidos en los hospitales solo se les podía acompañar y atender espiritualmente.

Parte central del Retablo de Isemheim, que muestra el Cristo de Grünewald con las heridas que causaba el «mal del fuego sagrado».

Para uno de esos hospitales, el pintor renacentista alemán Matthias Grünewald pintó en 1512 un cuadro. En él aparece Jesús crucificado, pero lo representa con las mismas llagas que tenían los enfermos del «mal del fuego sagrado».

Este Cristo se encontraba en el convento de la orden de los antoninos en Isemheim, al sur de Colmar (Francia) y se realizó para el hospital de este monasterio. Está hecho a imagen de los afectados por esa enfermedad, que le rezaban y se consolaban pensando que Dios —al que pedían ayuda— había pasado por sus mismos sufrimientos. Así se sentían menos desventurados y descubrían que su enfermedad los enaltecía a los ojos de Dios. Actualmente, el Retablo de Isemheim se expone en el Museo de Unterlinden, en Colmar.

El cuadro nos recuerda a todos que el Reino de Dios inaugurado por Cristo no es para los poderosos, sino para «los pobres, los humildes, los afligidos, los limpios de corazón, los perseguidos a causa de Cristo» (CEC, n.º 1 967).

mejora tus competencias

3. CC CS **Imagina que eres un pintor y recibes el encargo de hacer un cuadro de Cristo en el que aúnes el sufrimiento de Cristo y el sufrimiento presente en nuestra la sociedad. Trata de responder a estas preguntas.**

a ¿Cómo crees que debería ser ese Cristo?

b ¿Cuáles serían los sufrimientos actuales de nuestra sociedad que se tendrían que reflejar en ese Cristo?

4. CI CA **Busca información sobre la devoción del vía crucis y realiza las actividades.**

a ¿Qué hecho se rememora?

b ¿Sabes quiénes eran Simón Cireneo y Verónica? ¿Qué hicieron?

c Reflexiona sobre una de las estaciones y extrae alguna enseñanza para la vida de un cristiano.

síntesis

DIOS ES COMPASIVO Y MISERICORDIOSO

- **No cesa de perdonar las infidelidades y los pecados del hombre**
  - El pueblo de Israel descubrió, gracias a los profetas, que el amor de Dios vence las mayores infidelidades
  - No todos los isrealitas entendieron la promesa mesiánica
  - La profecía del Siervo de Yahvé les anunció el misterio de Redención universal
- **Jesús es el Dios compasivo**
  - Es el Mesías anunciado: entregado según el preciso designio de Dios
    - Su muerte y resurrección suceden en nombre de la humanidad pecadora
    - Su sufrimiento es fruto del amor
  - (Linked to the Siervo de Yahvé prophecy):
    - Dios promete a su pueblo una liberación eminetemente espiritual
    - La Salvación se alcanzará por un Servidor que, sin ser pecador, sufrirá por los pecados cometidos por todos
- **Jesús es el consuelo y la esperanza**
  - Con su sufrimiento, muerte y resurrección, nos ha redimido y ha obtenido la Salvación
  - Es un Dios que nos acompaña y que sufre con nosotros
- **Es la fuente y el origen de la moral cristiana**
  - Impele, con la ayuda del Espíritu Santo, a acercarse a los que sufren y a ser compasivos con ellos

si me preguntan, qué respondo

¿Por qué Dios permite el mal?

La fe nos da la certeza de que Dios no permitiría el mal si no hiciera salir el bien del mal mismo. Esto Dios lo ha realizado ya admirablemente con ocasión de la muerte y resurrección de Cristo: en efecto, del mayor mal moral, la muerte de su Hijo, Dios ha sacado el mayor de los bienes, la glorificación de Cristo y nuestra Redención (Compendio del CEC n.° 58).

¿Por qué la muerte de Cristo forma parte del designio de Dios?

A fin de reconciliar consigo a todos los hombres, destinados a la muerte a causa del pecado, Dios tomó la amorosa iniciativa de enviar a su Hijo para que se entregara a la muerte por los pecadores. Anunciada ya en el Antiguo Testamento, particularmente como sacrificio del Siervo doliente, la muerte de Jesús tuvo lugar según las Escrituras (Compendio del CEC n.° 118).

¿Cuáles son los efectos del sacrificio de Cristo en la cruz?

Jesús ha reparado nuestras culpas con la plena obediencia de su amor hasta la muerte. Este amor hasta el extremo del Hijo de Dios rescata a todos los hombres de modo único, perfecto y definitivo, y los abre a la comunión con Dios (Compendio del CEC n.° 122).

¿Por qué llama Jesús a sus discípulos a cargar con la propia cruz?

Al llamar a sus discípulos a tomar su cruz y seguirlo, Jesús quiere asociar a su sacrificio redentor a aquellos mismos que son sus primeros beneficiarios (Compendio del CEC n.° 123).

actividades

1. **Relaciona el inicio de cada afirmación con el final correspondiente.**

a Los cánticos del Siervo de Yahvé…
b El ser humano…
c Las profecías del Antiguo Testamento…
d El sufrimiento de Jesús…
e Los cristianos…

1 hemos de ser solidarios con el dolor del otro. **2** es fruto del amor. **3** es un ser limitado y frágil que necesita ser consolado y redimido. **4** narran el sufrimiento del elegido por Dios. **5** se cumplen en Jesús.

2. **CA CL Lee Is 53 y anota lo que le sucede al Siervo de Yahvé. A continuación, realiza las actividades.**

a Explica cómo se cumple esta profecía en Jesús. No olvides citar los versículos evangélicos en los que se narran hechos concretos de la Pasión.
b ¿Qué novedosos atributos de Dios se presentan?
c ¿Era necesario que Jesús sufriera y muriera en la cruz para perdonar nuestros pecados? Justifica tu respuesta.

3. **CS CL Lee detenidamente el siguiente texto y contesta a las preguntas.**

«Aceptar al otro que sufre significa asumir de alguna manera su sufrimiento, de modo que este llegue a ser también mío. Pero precisamente porque ahora se ha convertido en sufrimiento compartido, en el cual se da la presencia de un otro, este sufrimiento queda traspasado por la luz del amor» (*Spe salvi*, n.º 38).

a ¿Cuál es la idea principal del texto?
b ¿Qué significa, para un cristiano, consolar a alguien?
c ¿Qué luz aporta el cristianismo a nuestra cultura sobre el sufrimiento?

4. **Relaciona cada una de las siguientes citas con lo que has estudiado en la unidad.**

a *El Dios de Abraham, de Isaac y de Jacob, el Dios de nuestros padres, ha glorificado a su siervo Jesús, al que vosotros entregasteis* (Hch 3, 13).
b *En esto consiste el amor: no en que nosotros hayamos amado a Dios, sino en que él nos amó y nos envió a su Hijo como propiciación por nuestros pecados* (1 Jn 4, 10).
c *Porque yo os transmití en primer lugar, lo que también yo recibí: que Cristo murió por nuestros pecados […] y que fue sepultado y que resucitó al tercer día, según las Escrituras* (1 Cor 15, 3.4).

5. **CA Relaciona Jn 15, 13 y Rom 5, 8. A continuación, explica, a partir de estos versículos, el fundamento de la esperanza cristiana.**

6. **CA Explica con tus palabras el significado profético de las palabras que pronuncia Caifás, sumo sacerdote, en un intento de justificar la muerte de Jesús. Para ello, lee Jn 11, 49-52.**

5 La comunidad de los discípulos de Cristo

interpretamos

1. ¿Quiénes siguieron a Jesús? ¿Por qué crees que lo hicieron?
2. ¿A quién dirigió Jesús el mensaje del Reino?
3. ¿Quién continúa hoy su obra?

PDF Jn 15, 1-17

«Yo soy la vid»

1. El inicio de la vida pública de Jesús

info

Juan el Bautista

Juan el Bautista es una figura clave en la historia de la Salvación. Está a caballo entre el Antiguo y el Nuevo Testamento. Era hijo de Zacarías e Isabel, prima de la Virgen María. Llevó una vida de extrema pobreza y predicó con valentía la inminencia del Reino de Dios. Los evangelios y el historiador romano Flavio Josefo informan de que Herodes Antipas mandó su decapitación en la fortaleza de Maqueronte. Jesús le dirigió una alabanza sin igual: En verdad os digo que no ha nacido de mujer uno más grande que Juan el Bautista (Mt 11, 11).

Jesús quiso que el inicio de su vida pública estuviera marcado por un acontecimiento lleno de significado: su **Bautismo** en el río Jordán. Los años anteriores habían transcurrido en Nazaret, una pequeña aldea de la región de Galilea. La vida familiar, el trabajo, la práctica religiosa, la vida social, etc., constituyeron sus años de vida oculta, llenos de normalidad.

Desde Nazaret Jesús viajó unos 100 kilómetros hacia el sur hasta el lugar donde se encontraba **Juan el Bautista,** a orillas del río Jordán, predicando la **conversión:** *Convertíos, porque está cerca el Reino de los cielos* (Mt 3, 2). Con estas palabras, anunciaba la inminente llegada del Mesías esperado por el pueblo de Israel.

Así pues, Jesús se acercó a Juan para que lo bautizara; cuando salió del agua, se abrieron los cielos y se oyó la voz de Dios Padre, que decía: *Este es mi Hijo amado, en quien me complazco* (Mt 3, 17). Y se vio al Espíritu Santo que bajaba como una paloma y se posaba sobre él.

De esta forma, Jesús quedaba **ungido*** por el Espíritu Santo para iniciar su misión y prefiguraba el sacramento del Bautismo. Aunque él no tenía pecado, quiso enseñar, con su ejemplo, la necesidad de la conversión y del Bautismo, para el perdón de los pecados y para el nacimiento a la condición de hijos de Dios (Compendio del CEC, n.º 105).

El texto evangélico cuenta que, a continuación, Jesús se retiró al desierto de Judea durante cuarenta días, para preparar su vida pública mediante la oración y el ayuno. Allí lo tentó el diablo. Pero él, obediente a su misión, rechazó las tentaciones: *Vete, Satanás* (Mt 4, 10). En el tiempo de **Cuaresma,** la Iglesia rememora todos los años el retiro de Jesús en el desierto.

vocabulario

Ungir: untar con aceite la cabeza, como signo de elección o de investidura para una misión. Las palabras *Cristo* y *Mesías* significan 'ungido de Dios'.

Las tentaciones de Jesús.

actividades

1. **Completa las siguientes afirmaciones.**
   a El Bautismo de Jesús tuvo lugar en [...]. **b** El Espíritu Santo se manifestó en ese momento a través de [...]. **c** Jesús fue bautizado por [...]. **d** Tras el Bautismo de Jesús, se oyó la voz de Dios Padre, que decía [...].

2. **Relaciona cada hecho con el concepto correspondiente.**
   a Jesús se retiró al desierto. **b** Jesús preparó su vida pública. **c** Jesús fue tentado en el desierto. **d** Recordamos el retiro de Jesús en el desierto.
   1 Demonio. **2** Cuarenta días. **3** Ayuno y plegaria. **4** Cuaresma.

3. **CA** Explica por qué Juan el Bautista daba tanta importancia a la conversión, ante la llegada del Reino de los cielos.

2. La comunidad de los discípulos

Al regresar del desierto, Jesús comenzó a formar a su alrededor un grupo de discípulos mientras recorría los pueblos de Galilea. Eran hombres y mujeres que se adherían a sus enseñanzas, lo reconocían como maestro y lo seguían con mayor o menor regularidad.

Un día, Jesús los reunió y eligió a **doce** de ellos *para que estuvieran con él y para enviarlos a predicar* (Mc 3, 14). Desde entonces, los **Apóstoles** convivieron con el Maestro, lo ayudaron en su actividad y él los formó particularmente. Los preparaba para que, después de ser testigos de la Resurrección, difundieran su mensaje de Salvación y guiaran a la comunidad de los discípulos.

Estas acciones muestran la voluntad de Jesús de formar una comunidad estructurada, una familia, que constituyera el nuevo **Pueblo de Dios:** la **Iglesia***, a la que se podrían incorporar todos los que, a lo largo de la historia, creyeran en él. En efecto, los doce —denominación que aparece con frecuencia en los evangelios— constituían un grupo bien definido —el **Colegio Apostólico**— alrededor del cual se organizaría toda la comunidad cristiana. Serían el cimiento sobre el que crecería la Iglesia.

Jesús otorgó a **Pedro** una función especial dentro de la comunidad: *Tú eres Pedro, y sobre esta piedra edificaré mi Iglesia, y el poder del infierno no la derrotará. Te daré las llaves del Reino de los cielos; lo que ates en la Tierra quedará atado en los cielos, y lo que desates en la Tierra quedará desatado en los cielos* (Mt 16, 18-19).

A medida que se acercaba la hora de su partida, Jesús fue concediendo a los Apóstoles los poderes necesarios para llevar a cabo su misión, como enseñar en su nombre, perdonar los pecados, celebrar la Eucaristía... En una de sus últimas apariciones, Jesús resucitado les dijo: *Como el Padre me ha enviado, así también os envío yo* (Jn 20, 21).

info

La llamada de Jesús a los Apóstoles

Pasando junto al mar de Galilea, vio a Simón y a Andrés, el hermano de Simón, echando las redes en el mar, pues eran pescadores. Jesús les dijo: «Venid en pos de mí y os haré pescadores de hombres». Inmediatamente dejaron las redes y lo siguieron. Un poco más adelante vio a Santiago, el de Zebedeo, y a su hermano Juan, que estaban en la barca repasando las redes. A continuación los llamó, dejaron a su padre Zebedeo en la barca con los jornaleros y se marcharon en pos de él (Mc 1, 16-20).

vocabulario

Iglesia: del griego *ekklesia* ('asamblea', 'congregación'). Pueblo de Dios que, con Jesucristo resucitado y guiado por el Espíritu Santo, camina hacia Dios Padre.

Yo preparo para vosotros el reino como me lo preparó mi Padre a mí (Lc 22, 29).
La *Última Cena*, de Juan de Juanes. Siglo VI.

actividades

4. **CA Lee Jn 1, 35-49 y escribe el nombre de los discípulos que van conociendo a Jesús.**

5. **CA Lee Lc 6, 12-17 y contesta a las siguientes preguntas.**
   a ¿Qué título darías a la escena? **b** ¿En qué accidente geográfico tiene lugar? **c** ¿Qué hizo Jesús la noche anterior? **d** ¿Cómo se llaman los doce Apóstoles? **e** ¿A quiénes encuentran al bajar al llano?

6. **Completa este texto con las palabras siguientes: Alianza, Israel, Apóstoles, Pueblo.**
   La Iglesia, el nuevo [...] de Dios, se edifica sobre los doce [...], como el pueblo de la Antigua [...] se edificaba sobre las doce tribus de [...].

3. El anuncio del Reino de Dios

info

Jesús manifiesta el Reino

«Jesús acompaña su palabra con signos y milagros para atestiguar que el Reino está presente en él, el Mesías. Si bien cura a algunas personas, él no ha venido para abolir todos los males de esta Tierra, sino, ante todo, para liberarnos de la esclavitud del pecado» (Compendio del CEC, n.° 108). Jesús hizo numerosos milagros: curaciones inexplicables, expulsiones de demonios, multiplicación de alimentos o resurrección de muertos.

Los primeros discípulos acogieron la Palabra de Jesús. Pero ¿cuál era el mensaje principal de su predicación? Jesús invitaba a todos los hombres y mujeres a entrar en el Reino de Dios o Reino de los cielos. El pueblo de Israel lo esperaba desde hacía siglos y, ahora, esa promesa se hacía realidad.

Ahora bien, ¿qué significa *Reino de Dios*? Muchas personas que vivieron en tiempos de Jesús, creían que el Mesías fundaría un Reino localizado geográficamente, el cual dominaría al resto de las naciones, especialmente, al Imperio romano.

Sin embargo, esos no eran los planes de Jesús. Él había dicho: *Mi Reino no es de este mundo* (Jn 18, 36). Con estas palabras, quiso indicar que su Reino no era de naturaleza temporal, sino espiritual. El Reino de Dios pertenece, ya aquí en la Tierra, a quienes lo acogen con fe y con un corazón humilde (Compendio del CEC, n.° 107).

Jesús explicó la naturaleza de su Reino por medio de **parábolas***, que se encuentran en los cuatro evangelios. Algunas de ellas se conocen como parábolas del Reino. En el cuadro que sigue se recogen tres de ellas.

vocabulario

Parábola: relato sobre sucesos de la vida cotidiana que encierra una enseñanza profunda y espiritual.

Ej: El hijo prodigo.

¿A qué es semejante el Reino de Dios?

Parábolas del Reino	Significado
El grano de mostaza (Lc 13, 18-19)	El Reino es como una semilla: es pequeña al principio, pero está llamada a crecer en el corazón de los hombres a lo largo del tiempo.
El sembrador (Mc 4, 3-8)	La semilla es la Palabra de Dios, que da fruto según las disposiciones del corazón de cada uno.
El trigo y la cizaña (Mt 13, 24-30)	El bien y el mal están presentes en el mundo, pero se separarán al final de los tiempos, como el trigo y la cizaña en la siega.
El tesoro y la perla (Mt 13, 44-46)	El Reino de Cristo es ese tesoro de valor incalculable por el que merece la pena dejarlo todo.

actividades

7. CA **Consulta en Mt 13, 24-30 la parábola de la cizaña y relaciona los conceptos.**
a El sembrador. **b** La buena semilla. **c** El enemigo. **d** Los segadores. **e** La cizaña.
1 Los ángeles. **2** El diablo. **3** Hijos del Reino. **4** Hijos del maligno. **5** Hijo del hombre.

8. **Señala las opciones correctas.** ***Reino de Dios*** **significa…**
a el reinado de Dios en la Tierra. **b** el poder de Jesús sobre todos los pueblos. **c** la Salvación que el Hijo de Dios nos trae del Padre. **d** un Reino de naturaleza espiritual.

9. CL **Sigue el modelo de las parábolas del Reino de Jesús e inventa una parábola para explicar la naturaleza del Reino de Dios.**

10. CA **Explica de qué manera el Reino de Dios puede crecer y desarrollarse dentro de nosotros.**

4. El Reino de Dios y la Iglesia

Jesús quiso que sus discípulos formaran una **comunidad,** no solo para que se sintieran acompañados o tuvieran una identidad, sino también para instaurar en el mundo el Reino de Dios.

Con ese fin, Jesús fundó la Iglesia, para que la Salvación que él mismo vino a traer —el reinado de Dios en los corazones y en la sociedad— llegara a los hombres y mujeres de todas las épocas y lugares: *Y cuando yo sea elevado sobre la Tierra, atraeré a todos hacia mí* (Jn 12, 32).

Aunque la realización plena del Reino de Dios no llegará hasta el final de los tiempos, con la segunda venida de Cristo, la **misión de la Iglesia** es trabajar en este mundo para hacerla realidad.

Con la finalidad de comprender qué es la Iglesia y distinguirla de otro tipo de sociedades, como una asociación, un país o una organización internacional, debemos tener en cuenta **dos dimensiones** que siempre están presentes en ella:

- **Es una comunidad visible.** Si tiene que actuar en el mundo, es lógico que Jesús fundara una sociedad humana, con diversidad de miembros, funciones y **carismas*,** pero constituida por personas de carne y hueso y, por tanto, con los defectos y las limitaciones propias de la naturaleza humana. Es imposible que la Iglesia sea perfecta en su dimensión humana.
- **Es una comunidad espiritual.** Lo que la Iglesia transmite no es solo una doctrina sobre Dios, sino la Salvación obtenida por Cristo, que dio a los Apóstoles la potestad de actuar en su nombre. Por medio del anuncio de la Palabra, de la administración de los sacramentos y de la caridad fraterna, Dios actúa en su Iglesia y en las almas. Es, por tanto, una realidad divina, sobrenatural.

vocabulario

Carisma: don que el Espíritu Santo otorga a los fieles para la edificación de la Iglesia.

info

Una Iglesia en salida

«Salgamos, salgamos a ofrecer a todos la vida de Jesucristo. [...] Prefiero una Iglesia accidentada, herida y manchada por salir a la calle, antes que una Iglesia enferma por el encierro y la comodidad de aferrarse a las propias seguridades. [...] Si algo debe inquietarnos santamente y preocupar nuestra conciencia, es que tantos hermanos nuestros vivan sin la fuerza, la luz y el consuelo de la amistad con Jesucristo, sin una comunidad de fe que los contenga, sin un horizonte de sentido y de vida» (Evangelii gaudium, n.° 49).

actividades

11. **¿Cuál de estas descripciones no responde a lo que es la Iglesia? Justifica tu elección.**

a Realidad visible e invisible que perpetúa la labor salvadora de Jesucristo. **b** Comunidad humana y sobrenatural que anuncia el Evangelio. **c** Felicidad plena que dará Jesús a sus discípulos. **d** Pueblo de Dios, que camina hacia el Padre.

12. **Investiga y contesta a las siguientes preguntas sobre tu localidad.**

a ¿Cuál es la diócesis en la que vives? **b** ¿Cómo se llama el obispo de tu diócesis? **c** ¿Cuál es la parroquia en la que vives?

13. CL **Explica con tus palabras las dos dimensiones presentes en la Iglesia.**

5. El estilo de los discípulos de Cristo

info

Las Bienaventuranzas

Bienaventurados los pobres en el espíritu, porque de ellos es el Reino de los cielos.
Bienaventurados los mansos, porque ellos heredarán la Tierra.
Bienaventurados los que lloran, porque ellos serán consolados.
Bienaventurados los que tienen hambre y sed de la justicia, porque ellos quedarán saciados.
Bienaventurados los misericordiosos, porque ellos alcanzarán misericordia.
Bienaventurados los limpios de corazón, porque ellos verán a Dios.
Bienaventurados los que trabajan por la paz, porque ellos serán llamados hijos de Dios.
Bienaventurados los perseguidos por causa de la justicia, porque de ellos es el Reino de los cielos.

La Iglesia nace del deseo de Dios de llamar a todos los hombres a participar en su propia vida trinitaria. Si el Padre, el Hijo y el Espíritu Santo son una comunión de amor, su pueblo, que camina en la historia, debe ser también una familia, una comunidad unida por el amor. Por eso, la Iglesia está llamada a ser en el mundo signo de unidad, de paz y de reconciliación.

Un día, Jesús subió a un monte, cerca del lago de Galilea, y se puso a enseñar a los discípulos. Al principio de su discurso, conocido como el **Sermón de la Montaña,** proclamó las **Bienaventuranzas** (Mt 5, 3-11). Son un resumen del estilo de vida que Jesús propone a los que quieran seguirlo. En ellas se encuentra el verdadero rostro de Cristo. Son, además de una invitación a una nueva manera de vivir, el mejor resumen del Evangelio del Reino.

La clave para entender y vivir las Bienaventuranzas consiste en tener la firme decisión de amar a Dios y a nuestro prójimo —incluidos nuestros enemigos—, en todas las circunstancias de la vida. Para vivirlas, no se necesitan cualidades extraordinarias, si bien es necesario esforzarse, con la ayuda de la gracia, por vivir según las enseñanzas y el ejemplo del Señor.

El **espíritu** que debe distinguir a la comunidad cristiana lo resumió Jesús en la Última Cena: *Os doy un mandamiento nuevo: que os améis unos a otros; como yo os he amado, amaos también unos a otros. En esto conocerán todos que sois discípulos míos: si os amáis unos a otros* (Jn 13, 34-35).

Como afirma el papa Francisco, «la Iglesia está llamada a ser en el mundo la comunidad que, arraigada en Cristo por medio del Bautismo, profesa con humildad y valentía la fe en él, testimoniándola en la caridad».

Los discursos de Jesús.

actividades

14. Forma enunciados. Bienaventurados los...

a pobres de espíritu... **b** que lloran... **c** mansos... **d** misericordiosos...
1 porque ellos heredarán la Tierra. **2** porque ellos alcanzarán misericordia. **3** porque de ellos es el Reino de los cielos. **4** porque ellos serán consolados.

15. ¿De qué se habla? Lee los enunciados y descubre a qué se refieren.

a Jesús se sentó y habló en un monte cercano al lago Tiberíades. **b** Jesús enseñó el camino que permite alcanzar el Reino de Dios. **c** Aquí está el núcleo de todas sus enseñanzas.

16. CS Elige dos Bienaventuranzas y explica con ejemplos en qué consistirían actualmente para una persona que está en tus circunstancias.

6. La Iglesia, Pueblo de Dios

Pertenecen a la Iglesia los que, por la fe, aceptan a Jesús como Hijo de Dios y Salvador, y se han incorporado a la comunidad cristiana por el Bautismo. Se les llama **fieles cristianos.** Se trata de hombres y mujeres de todas las razas y condiciones, representados en aquellos discípulos que siguieron a Jesús.

Como se ha dicho anteriormente, Cristo quiso que sus discípulos formaran una comunidad, no que cada uno lo siguiera de una manera aislada. Y, para hacer visible esa comunidad, para congregar en la unidad a todos sus miembros, puso a los Apóstoles al frente, con Pedro a la cabeza.

En el Nuevo Testamento leemos que los Apóstoles imponían las manos a algunos miembros de la comunidad para transmitirles la autoridad y la misión que habían recibido de Cristo, y los colocaban al frente de la comunidad cristiana (Hch 8, 17). Estos sucesores de los Apóstoles son los **obispos*.** Ellos constituyen un **Colegio episcopal,** cuya misión es anunciar el Evangelio y guiar a la Iglesia.

Y del mismo modo que Jesús puso a Pedro al frente de los Apóstoles, así también su sucesor, el **Obispo de Roma*,** está a la cabeza de los obispos. El **Papa** es el principio visible y fundamento de la unidad de la Iglesia (Compendio del CEC, n.os 182 y 183).

Vocabulario

Obispo: sucesor de los Apóstoles que, en comunión con el Papa, anuncia el Evangelio y guía al Pueblo de Dios.

Obispo de Roma: el Papa, como sucesor de Pedro, es cabeza del Colegio episcopal y pastor supremo de la Iglesia.

La labor de la Iglesia católica en el mundo.

«Es al mismo Cristo Jesús, Sacerdote, a cuya sagrada persona representa el ministro» (Pío XII, *Mediator Dei*).

También hoy los fieles bautizados que reciben el sacramento del Orden, por la imposición de las manos del obispo, pasan a formar parte de la jerarquía de la Iglesia como diáconos, presbíteros u obispos.

Esta función no significa privilegio, sino servicio a la comunidad por una especial identificación con Cristo, cabeza de la Iglesia. En otra unidad se exponen las funciones, los carismas y las vocaciones en el seno de la Iglesia, si bien todas tienen como fin la evangelización, el crecimiento del Reino de Dios.

actividades

17. Ordena los elementos del texto.

Jesús llamó consigo / y los constituyó como Apóstoles suyos, / y en fundamentos de su Iglesia / a doce de entre sus discípulos / convirtiéndolos en testigos escogidos de su resurrección.

18. Completa los siguientes enunciados.

a Los fieles son todos los que han recibido el sacramento del [...]. **b** Los [...] son los sucesores de los Apóstoles. **c** La cabeza del Colegio episcopal es el [...].

19. CA Investiga sobre el sacramento del Orden y responde.

a ¿A qué grupo de sacramentos corresponde: de iniciación, de curación o de servicio a la comunidad? **b** ¿Quién puede recibirlo? **c** ¿Quién es el ministro del sacramento? **d** ¿Cuál es el signo sacramental del Orden? **e** ¿Qué efectos tiene?

fe y vida

Las Misioneras de la Caridad es una congregación religiosa católica que fundó la Madre Teresa de Calcuta (1950) con el fin de ayudar a los más pobres y desfavorecidos.

Los misioneros

Id, pues, y haced discípulos a todos los pueblos, bautizándolos en el nombre del Padre y del Hijo y del Espíritu Santo; enseñándoles a guardar todo lo que os he mandado (Mt 28, 19-20). Estas son las últimas palabras de Jesús a sus discípulos, antes de volver al Padre.

En los Hechos de los Apóstoles leemos que las primeras comunidades cristianas llevaron a cabo una intensa actividad misionera para llevar la Buena Nueva de la Salvación a las ciudades del Imperio romano.

En todas las épocas de la Iglesia ha habido cristianos generosamente entregados a la misión de llevar a Jesucristo a nuevas tierras, obedientes a su mandato e imitando a las generaciones anteriores.

El Espíritu Santo ha suscitado en la Iglesia una gran variedad de instituciones, cuyo principal carisma es la evangelización de los pueblos. Sacerdotes, religiosos, laicos o incluso familias son enviados allí donde Cristo todavía no está presente.

Los misioneros trabajan por la promoción social, humana y cultural de los habitantes de su nueva tierra, y asimilan su mentalidad y sus costumbres para hacerles comprensible el mensaje de Jesús. De esta forma, los que reciben el don de la fe, pueden incorporarse a la Iglesia por el Bautismo. Actualmente, hay cerca de 13 000 misioneros españoles por el mundo.

Hoy sigue siendo necesaria una «Iglesia en salida», en palabras del papa Francisco, que lleve la alegría del Evangelio. «La comunidad evangelizadora experimenta que el Señor tomó la iniciativa [...] y, por eso, ella sabe adelantarse, tomar la iniciativa sin miedo, salir al encuentro, buscar a los lejanos y llegar a los cruces de los caminos para invitar a los excluidos» (*Evangelii gaudium*, n.° 24).

mejora tus competencias

1. **CS** **CD** Piensa y redacta las preguntas que le harías a una misionera o a un misionero si tuvieras que hacer un reportaje sobre su trabajo. Fíjate, no solo en lo que hace, sino también en lo que le motiva, en lo que siente, etc. Inspírate en testimonios reales que encontrarás en revistas o en Internet (sobre el Domund, obras misionales pontificias, portal misionero, claretianos, combonianos, etcétera).

2. **CS** Los misioneros, además de la ayuda del Espíritu Santo, necesitan medios económicos para poder construir hospitales, escuelas, iglesias... Preparad una campaña de recogida de fondos para apoyar un proyecto en una misión del tercer mundo.
   - **a** Dividíos en pequeños grupos. Cada grupo ha de buscar en Internet y elegir un proyecto concreto al que quiera ayudar.
   - **b** Los componentes de cada grupo explicarán al resto de la clase el proyecto que hayan escogido. Después, se hará una votación para elegir el proyecto definitivo.
   - **c** Pensad y elaborad entre todos los materiales y las acciones que vais a llevar a cabo para dar a conocer la campaña en el centro de estudios.
   - **d** Decidid entre todos si, además de la actividad, queréis hacer efectiva la campaña.

fe y cultura

Los bienes de la Iglesia

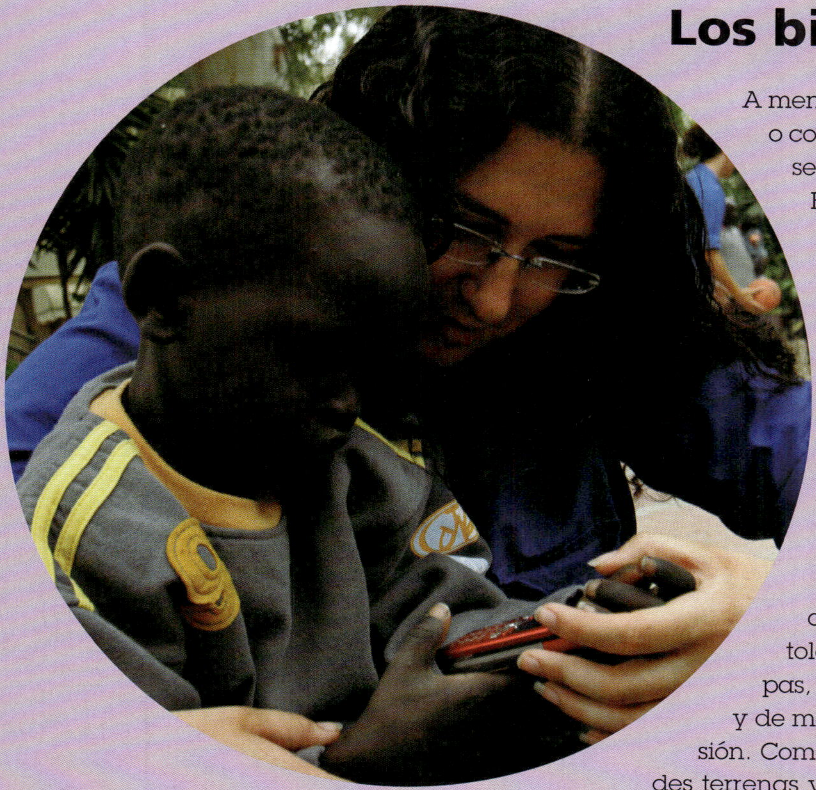

Las ONG (organizaciones no gubernamentales) realizan muchas acciones por el bien común, de manera desinteresada, sin ánimo de lucro y, en muchos casos, en beneficio de los más desfavorecidos.

A menudo, oímos en los medios de comunicación noticias o comentarios sobre la Ciudad del Vaticano. Asimismo, se habla de otros importantes organismos, como el Banco Mundial o Amnistía Internacional. Si no reflexionamos, es posible que acabemos creyendo que el Vaticano es una más, entre las innumerables instituciones que desarrollan su actividad en los cinco continentes, como una ONG o una corporación.

Sin embargo, solo es posible entender el misterio de la Iglesia con los ojos de la fe. Esta virtud nos permite descubrir que ella es, al mismo tiempo, «una realidad visible y una realidad espiritual portadora de la vida divina» (CEC, n.° 770).

La tarea de guiar a la Iglesia y de llevarla a los confines del mundo, que Jesús encargó a los Apóstoles y a sus sucesores, es inmensa. Para eso, los papas, desde la Antigüedad, se han rodeado de personas y de medios materiales que los ayudan a realizar esta misión. Como se afirmó en el Concilio Vaticano II: «Las realidades terrenas y espirituales están estrechamente unidas entre sí, y la misma Iglesia usa los medios temporales en cuanto que su propia misión lo exige» (*Gaudium et spes*, n.° 76).

Sería ilógico e inhumano pretender que la Iglesia desarrollase su misión sin patrimonio ni bienes materiales. Por eso, hay que recordar que el uso de estos bienes encuentra su propia justificación en los fines inherentes de la Iglesia. Por una parte, debe mantener el culto divino, sustentar al clero y al resto de ministros; por otro, no tiene que descuidar las obras de apostolado y de caridad, sobre todo, con los más necesitados.

mejora tus competencias

3. **CS** **Investiga y contesta a las siguientes preguntas.**

a ¿Cuáles son las fuentes de financiación de una diócesis española?

b ¿A qué fines destina la Iglesia española sus recursos?

c ¿De dónde sale el dinero que las instituciones eclesiásticas españolas invierten en estos fines? ¿No se podrían utilizar en beneficio de los pobres?

4. **CS** **Investiga en Internet y localiza algún lugar del mundo donde se persiga a la Iglesia católica. Elabora un breve informe sobre la situación de la Iglesia y de los cristianos en ese sitio.**

síntesis

EL ANUNCIO DEL REINO

- **Vida pública de Jesús**
  - **¿Cuándo se inicia?**
    - Bautismo de Jesús por Juan el Bautista
    - Manifestación de Dios trino: Padre, Hijo y Espíritu Santo
    - Enseña la necesidad de la conversión y del Bautismo
  - **Instaura el Reino de Dios**
    - Mediante la fundación del nuevo Pueblo de Dios: la Iglesia
      - Constituida sobre los doce Apóstoles
      - Sus sucesores son el Papa y los obispos
      - Su misión es comunicar el Evangelio y la vida de la gracia mediante los sacramentos
    - Su naturaleza es espiritual, no temporal
      - Es, a la vez, visible e invisible
        - Lo enseñó mediante parábolas y signos (milagros)
      - Exige una nueva manera de vivir: las Bienaventuranzas
        - Su fundamento es la ley del Amor

si me preguntan, qué respondo

¿Cómo anuncia Jesús el Reino de Dios?

Jesús anuncia el Reino de Dios con su palabra, la cual acompaña con signos y milagros que testifican que el Reino está presente en él, el Mesías (Compendio del CEC, n.° 108).

¿A quién se invita a formar parte del Reino de Dios?

Jesús invita a formar parte del Reino de Dios a todos los hombres. El Reino pertenece, ya aquí en la Tierra, a quienes lo acogen con corazón humilde (Compendio del CEC, n.ºs 107 y 108).

¿Qué designamos con la palabra *Iglesia*?

Con el término *Iglesia* se designa al Pueblo que Dios convoca y reúne desde todos los confines de la Tierra, para constituir la asamblea de todos aquellos que, por la fe y el Bautismo, han sido hechos hijos de Dios, miembros de Cristo y templo del Espíritu Santo (Compendio del CEC, n.° 147).

¿Para qué eligió Jesús a doce Apóstoles?

Jesús eligió a doce Apóstoles para que estuvieran con él y para hacerlos partícipes de su misión y de su autoridad. Entre ellos, Pedro ocupa el primer puesto (Compendio del CEC, n.° 109).

aCtividadEs

1. CL Explica, en una redacción de unas diez líneas, por qué la fe del cristiano no es una fe individual para vivir en solitario.

2. CA Comenta las dimensiones de la Iglesia fundada por Jesús a partir del testimonio de los primeros cristianos. A continuación, explica qué relación existe entre el Reino que Jesús ha venido a traernos y la Iglesia.

> *Los creyentes vivían todos unidos y tenían todo en común; vendían posesiones y bienes y los repartían entre todos, según la necesidad de cada uno. Con perseverancia acudían a diario al templo con un mismo espíritu, partían el pan en las casas y tomaban el alimento con alegría y sencillez de corazón; alababan a Dios y eran bien vistos de todo el pueblo* (Hch 2, 44-47).

3. Jesús solía ir acompañado, además de por los Apóstoles, por un grupo de mujeres. Lo cuatro evangelios hablan de ellas. Localiza sus nombres, comparando lo que dice cada evangelista.

   a Mt 27, 55-56. **b** Mc 15, 40-41. **c** Lc 23, 49. **d** Jn 19, 25.

4. Ve al final del evangelio de san Mateo y contesta a las siguientes cuestiones.
   a ¿Que dice Jesús a los discípulos después de enviarlos a anunciar la Buena Noticia?
   b ¿Qué significan estas palabras?
   c ¿Cómo se hacen efectivas?

5. CA Busca e identifica a personas que actualizan hoy la misión de Jesús y expón a tus compañeros por qué continúan esa misión.

6. CL CA Lee la siguiente parábola de Jesús y responde a las preguntas.

> *Les dijo otra parábola: «El Reino de los cielos se parece a la levadura; una mujer la amasa con tres medidas de harina, hasta que todo fermenta»* (Mt 13, 33).

   a ¿Qué función desempeña la levadura en la elaboración del pan?
   b ¿Qué significa que el Reino de Dios es como la levadura en el pan?
   c ¿Cuándo se inicia el Reino de Dios en el corazón del cristiano? Explícalo.

7. CL CA Lee atentamente la parábola que encontrarás en Mt 22, 1-14 y responde a las preguntas.
   a ¿Con qué compara Jesús el Reino de los cielos?
   b ¿A quién está abierto el Reino de los cielos, según esta parábola?
   c ¿Se necesita alguna condición para entrar en él?
   d ¿Qué crees que simboliza el traje de fiesta?

8. CS Muchas veces, los valores dominantes en nuestro entorno son distintos de los que Jesús proclama en las Bienaventuranzas.
   a En pequeños grupos, reflexionad sobre ello y escribid unas «Bienaventuranzas» que expresen estilos de vida generalizados en nuestra sociedad.
   b A continuación, comparadlas con las Bienaventuranzas de Jesús y sacad conclusiones. Poned en común los trabajos de los diversos grupos.

6 Una nueva forma de vivir y amar

interpretamos

1. ¿Crees que es posible un amor desinteresado?
2. ¿Qué función desempeña la afectividad en el ser humano?
3. ¿En qué consiste la perfección a la que Jesús nos llama?

PDF Lc 2, 40-52

Jesús, perfecto Dios y perfecto hombre

1. Cristo, plenitud de la humanidad

1.1. El hombre nuevo

Sabemos que el centro y la razón de ser del cristianismo es Jesucristo. Él mismo se presentó como *el camino y la verdad y la vida* (Jn 14, 6). Él, que nos enseñó quién es Dios y el misterio de su intimidad, nos proporciona también una nueva y definitiva comprensión de quién es el ser humano. Jesús, perfecto Dios y perfecto hombre, nos muestra qué significa ser hombre.

Jesús «trabajó con manos de hombre, pensó con inteligencia de hombre, obró con voluntad de hombre, amó con corazón de hombre. Nacido de la Virgen María, se hizo verdaderamente uno de los nuestros, semejantes en todo a nosotros, excepto en el pecado» (*Gaudium et spes*, n.º 22).

Cristo murió y resucitó para hacer de nosotros hombres nuevos. Él nos ha devuelto la semejanza divina que el pecado original había deformado. Con su encarnación y su misterio pascual, ha elevado al ser humano a una dignidad insospechada: somos hijos e hijas de Dios (Rom 8, 15-17). Jesús, al hacernos por la gracia *partícipes de la naturaleza divina* (2 Pe 1, 4), nos humaniza plenamente.

Por eso, la Redención obrada por Jesucristo no es solo una victoria sobre el mal y el pecado, sino también el inicio de una vida nueva: *Por el bautismo fuimos sepultados con él en la muerte, para que, lo mismo que Cristo resucitó de entre los muertos por la gloria del Padre, así también nosotros andemos en una vida nueva* (Rom 6, 4). La vida y la muerte han adquirido un sentido nuevo para el hombre.

Los cristianos participan por la fe y el Bautismo en la muerte y resurrección de Cristo. Gracias a este sacramento, el cristiano nace a la vida nueva de Cristo, es elevado a la condición de hijo adoptivo de Dios y se convierte en templo del Espíritu Santo.

PDF **Una promesa nueva, un mundo nuevo, texto del papa Francisco.**

Él nos enseñó quién es Dios y el misterio de su intimidad. Nos proporciona también una nueva comprensión de la identidad del ser humano.

info

Jesucristo es la respuesta

Jesucristo colma los íntimos anhelos del ser humano, por los que se siente impulsado más allá de las fuerzas humanas: «Si buscas saber adónde vas, únete a Cristo, porque él es la verdad, a la que deseamos llegar; si buscas dónde permanecer, únete a Cristo, porque él es la vida; únete, pues, a Cristo, si quieres estar seguro, porque no te podrás desviar, porque él es el camino. Por lo cual, quienes se unen a él no andan extraviados, sino por el camino recto» (santo Tomás de Aquino, Comentario al evangelio de san Juan, c. 14, lec. 2).

actividades

1. Ordena la siguiente cita bíblica.
   Pues todos sois hijos de / sido bautizados en Cristo, / os habéis revestido de Cristo. / Dios por la fe en Cristo Jesús. / Cuantos habéis (Gál 3, 26-27).
2. Lee Ef 4, 17-32 y explica qué significa que Jesús murió y resucitó para convertirnos en hombres nuevos.
3. CA Investiga y contesta. ¿La Buena Nueva de Cristo vale solo para los cristianos? Para responder, puedes consultar la constitución pastoral *Gaudium et spes* (n.º 22).

1.2. Cristo, modelo de vida

El paradigma de humanidad que Jesús nos propone es muy distinto a lo que se suele presentar como vida lograda: tener éxito, dinero, satisfacciones, vivir sin problemas... No se trata tampoco de admirar ni de imitar a un líder más. Lo novedoso del mensaje del Señor radica en la prioridad del amor como culmen y plenitud de la vida humana. El mandamiento nuevo enseña que lo más profundo de la persona es su capacidad de acoger a los otros y de darse a sí misma (Jn 13, 33-35).

Este mensaje evangélico se puede trazar en los gestos, las acciones y las palabras de Jesús. Él nos descubre valores que iluminan toda la vida humana: la pobreza de espíritu, la mansedumbre, el dolor o la sed de justicia, la misericordia, la limpieza de corazón o el trabajo por la paz.

La transformación que Jesús pide es profunda: *Sed perfectos, como vuestro Padre celestial es perfecto* (Mt 5, 48). Como san Pablo, la persona que acepta que Cristo ilumine su vida, se va pareciendo cada vez más a él: *Vivo, pero no soy yo el que vive, es Cristo quien vive en mí* (Gál 2, 20).

El cristiano está llamado a ser el *Hombre perfecto, a la medida de Cristo en su plenitud* (Ef 4, 13). A esta fidelidad se oponen las tentaciones que lo acometen del exterior (el afán de poder, la envidia...) y las que surgen de sí mismo (la soberbia, la desesperación, etc.). No hay santidad sin combate espiritual (CEC, n.º 2015). Este combate es, en realidad, la oportunidad de colaborar con la transformación del mundo y la preparación de la victoria final de Cristo.

Los cristianos, sostenidos e impulsados por la gracia del Espíritu Santo, se perfeccionan a imagen de Jesús y son abrazados por el amor del Padre. El Espíritu Santo actúa, sobre todo, mediante los sacramentos de la Iglesia. Precisamente, es en la Iglesia donde Jesús ha querido que se manifieste y realice este misterio del amor de Dios a los seres humanos.

info

El corazón misericordioso de Jesús

Él nos ama: este es el gran secreto. Para señalar esta actitud constante de Jesús, los evangelios usan un verbo que significa compadecerse. Él se conmueve ante el leproso que pide la curación, ante la multitud de los enfermos, ante el pueblo que anda extraviado, ante los dos ciegos que piden la curación, ante una viuda que llora por la muerte de su hijo (Lc 7, 13) o ante la muerte de su amigo Lázaro.

actividades

4. CA Busca las siguientes citas evangélicas y comenta la actitud de Jesús en cada una de ellas. Reflexiona y extrae una conclusión personal sobre la vida nueva a la que Jesús nos llama.

a Mc 1, 41. **b** Mt 14, 14. **c** Mc 6, 34. **d** Mt 20, 34. **e** Jn 11, 35.

5. Ordena la siguiente cita bíblica (2 Cor 3, 18).

por la acción del Espíritu del Señor. / reflejamos la gloria del Señor / y nos vamos transformando / Mas todos nosotros, con la cara descubierta, / en su imagen con resplandor creciente,

6. CL Explica con tus palabras la siguiente afirmación de la *Gaudium et spes* (n.º 22).

«Cristo [...] manifiesta plenamente el hombre al propio hombre y le descubre la sublimidad de su vocación».

info

¿Y después de la muerte?

«Aunque el hombre poseyera una naturaleza mortal, Dios lo destinaba a no morir. Por tanto, la muerte fue contraria a los designios de Dios Creador, y entró en el mundo como consecuencia del pecado» (CEC, n.º 1 008). Pero la muerte es transformada gracias a Cristo. Con él se hace realidad la promesa de la Resurrección, a la que ya nos introducimos en el momento del Bautismo, sacramento por el que se muere al pecado y se renace a la gracia en Cristo. Sabemos, además, que él mismo vendrá por nosotros —en cuerpo y alma glorioso— al final de los tiempos.

2. «Tened los sentimientos propios de Cristo»

2.1. La dignidad del cuerpo humano

La grandeza de la persona humana se hace patente en Jesucristo. Él, el Hijo de Dios, se hizo «carne» para nuestra Salvación. El cuerpo de Jesús no es una cubierta exterior que use su «alma». La segunda Persona de la Santísima Trinidad se hizo carne asumiendo una verdadera humanidad (CEC, n.º 476). En los evangelios leemos que Jesús siente hambre, sed, tristeza, sufrimiento o cansancio.

La religión cristiana recuerda que el cuerpo no es una cárcel del alma. Es cierto que notamos el cansancio, la sed..., pero, al mismo tiempo, sin aquel no seríamos capaces de amar ni de conocer. Nuestra corporalidad no es un peso en sí misma; muy al contrario, nos permite realizar y manifestar el yo que somos: bailando, saltando, hablando, abrazando, etcétera.

Sabemos ya que el ser humano alcanza su perfección cuando ama. Pero el amor humano se inicia a través de los sentidos: necesitamos ver, oír, tocar, etc. El cuerpo nos permite relacionarnos e interactuar con el mundo y con los demás. Frente a una cultura que considera el cuerpo como un objeto, la fe cristiana reivindica la dignidad personal del cuerpo humano.

Jesucristo es un hombre pleno, con inteligencia y voluntad humanas, y con un corazón que alberga una profunda sensibilidad. Lázaro, Marta, María, Pedro, Juan, etc., no son solo discípulos de Jesús. Son personas concretas a las que él ama. Como a ellos, Jesús nos dice: *a vosotros os llamo amigos* (Jn 15, 15).

El corazón se muestra, así, como la dimensión más digna y noble de la naturaleza humana. Tener un corazón capaz de amar, un corazón que busca la felicidad, que conoce el sufrimiento y que se conmueve ante la aflicción de los demás, es lo más propio y característico de nuestro ser.

El cuerpo nos permite relacionarnos e interactuar con el mundo y con los demás..., es decir, ser nosotros mismos.

actividades

7. **Indica qué afirmaciones son verdaderas y corrige las falsas.**

a El alma y el cuerpo son dos dimensiones independientes del ser humano. **b** Para crecer, el espíritu humano ha de liberarse de su cuerpo. **c** Mi cuerpo es humano gracias al espíritu que lo anima. **d** Mi cuerpo es mío, por lo que puedo utilizarlo como crea conveniente. **e** El cuerpo y el alma forman a la persona humana en una íntima y profunda unidad.

8. CA **¿A qué razones, a favor de la dignidad del cuerpo humano, se refieren las siguientes citas?**

a 1 Cor 6, 9. **b** Rom 8, 11.

2.2. El valor positivo de la afectividad

Nuestras tendencias no se pueden reducir a la inteligencia o al querer voluntario: la experiencia muestra otras inclinaciones —como instintos, emociones o deseos— que acompañan más directamente a la dimensión corporal del hombre. Esas tendencias forman parte de nuestra afectividad.

Todos tenemos la vivencia de cómo, a veces, nuestro organismo se ve conmocionado por estos impulsos: los latidos del corazón se aceleran, varían los movimientos respiratorios... Esta realidad muestra que no es posible comprender la riqueza del hombre si no se tiene en cuenta su afectividad.

Los sentimientos y las pasiones tienen su origen en el corazón humano: serán buenos si lo que este ama es un verdadero bien, o malos si el bien amado es solo aparente. La armonía de los impulsos y sentimientos con lo que la razón entiende como verdaderamente bueno hace posible el equilibrio interno de la persona. Su desorden, por el contrario, perturba el buen uso de la razón y, en consecuencia, deshumaniza.

Así, una pasión será juzgada como positiva si facilita, por ejemplo, el esfuerzo para realizar un trabajo honesto; sin embargo, será negativa si se transforma en la ira que provoca una venganza. En este último caso, la persona queda dominada por una afectividad desordenada. En cambio, cuando nuestro centro interior —el corazón— dirige nuestras emociones, nos elevamos a una libertad superior en la que la persona vive en armonía consigo misma y con los demás.

Cristo nos ha amado con un corazón humano. Por esta razón, el sagrado Corazón de Jesús, traspasado por nuestros pecados y para nuestra Salvación, es la principal muestra de su infinito amor al Padre y a todos los hombres (CEC, n.º 478).

info

«No os encerréis en vuestros intereses»

No os encerréis en vuestros intereses, sino buscad todos el interés de los demás. Tened entre vosotros los sentimientos propios de Cristo Jesús. El cual, siendo de condición divina, no retuvo ávidamente el ser igual a Dios; al contrario, se despojó de sí mismo tomando la condición de esclavo, hecho semejante a los hombres. Y así, reconocido como hombre por su presencia, se humilló a sí mismo, hecho obediente hasta la muerte, y una muerte de cruz (Flp 2, 4-8).

actividades

9. Justifica los siguientes enunciados.

a La afectividad tiene un valor positivo. **b** No es posible comprender la riqueza de la persona humana si no se tiene en cuenta su afectividad.

10. Completa el texto que sigue con estos términos: amor, sensibilidad, afectos, aparente, bueno, bien, principales.

Los [...], emociones o impulsos de la [...] inclinan a obrar o a no obrar en vista de lo que se percibe como [...] o malo. Los [...] son el amor y el odio, el deseo y el temor, la alegría, la tristeza y la cólera. La pasión fundamental es el [...]. No se ama sino el [...], real o [...].

2.3. La sexualidad humana

Cada ser humano existe como hombre o como mujer; la persona es una persona sexuada: masculina o femenina (Gén 1, 27). La sexualidad no es un mero atributo —como ser rubio o moreno— ni se reduce a genitalidad, porque no se circunscribe solo al plano biológico. La sexualidad define al hombre y a la mujer también en los planos psicológico, afectivo y espiritual.

Dios, que es amor, ha inscrito en el hombre y en la mujer la mutua atracción para vivir unidos en comunión, formando una familia. Por eso, la sexualidad es un don de Dios, noble y limpio, que se orienta al bien de los esposos en el matrimonio y, dentro de él, a la transmisión de la vida humana.

Respecto a la sexualidad humana, es necesario recordar su sentido auténtico a través del análisis de sus principales aspectos:

- **Corporal.** La distinta configuración del cuerpo del hombre y de la mujer nos muestra que ambos son complementarios. Dios los ha creado el uno para el otro (Compendio del CEC, n.º 71).
- **Afectivo.** La sexualidad humana no se manifiesta solo en su aspecto corporal, sino que debe integrar el afecto mutuo entre los esposos. Así vivida, la unión sexual entre ellos fortalece su unión espiritual y fomenta su amor mutuo.
- **Trascendente.** La entrega recíproca del hombre y la mujer se fundamenta en un amor desinteresado, alegre y generoso. El amor conyugal revela, así, su dimensión trascendente: está destinado a colaborar con Dios Creador en el nacimiento de una nueva persona humana.

El verdadero amor es mucho más que una emoción pasajera: supone la entrega de lo más íntimo del corazón. Por todo lo anterior, la sexualidad humana no se reduce a un instinto, a una búsqueda ciega de placer. De ahí la importancia de aprender a amar y aprender a amar bien.

La sexualidad, don de Dios.

info

¿El pudor está pasado de moda?

Parece que el pudor es algo propio de épocas pasadas. Es preciso, sin embargo, reivindicar el valor, siempre actual, de esta virtud. Bien entendido, el pudor es la manifestación y la defensa de la propia intimidad: yo no soy un objeto que se pueda exponer. La frivolidad que lleva a desvelar la propia intimidad lesiona la dignidad de la persona humana.

actividades

11. Razona si las siguientes afirmaciones son verdaderas o falsas.

a El cristianismo tiene un concepto negativo de la sexualidad. **b** El uso lícito de la sexualidad se da en el matrimonio. **c** Dios quiere la atracción entre los dos sexos.

12. Completa el siguiente texto, perteneciente al CEC (n.º 2332), con estos términos: persona, amar, todos, comunión, cuerpo.

«La sexualidad abraza [...] los aspectos de la [...] humana, en la unidad de su [...] y de su alma. Concierne particularmente a la afectividad, a la capacidad de [...] y de procrear y, de manera más general, a la aptitud de establecer vínculos de [...] con otro».

2.4. Bienaventurados los limpios de corazón

En el Sermón de la Montaña, Jesús enseñó que son bienaventurados *los limpios de corazón, porque ellos verán a Dios* (Mt 5, 8). Ser limpio de corazón significa tener el corazón libre de intereses egoístas, de manera que en él haya sitio para Dios y para los demás. Por eso, Jesucristo insistió en que todos los pecados —no solo los relacionados con la sexualidad— nacen en el corazón del hombre (Mc 7, 21).

El limpio de corazón sabe que su cuerpo es templo del Espíritu Santo y, por tanto, es firme en el deseo de consagrarlo al amor de Dios y del prójimo. La castidad es la virtud mediante la cual el ser humano ordena las tendencias sexuales según el plan de Dios para el amor humano.

Esta virtud no trata de reprimir las tendencias afectivas o sexuales, que son naturales y queridas por Dios, sino de asegurar el dominio del propio cuerpo, para que sea capaz de evitar el egoísmo y de entregarse a los demás.

Tal dominio es muestra de la inteligencia y de la voluntad libre del ser humano. En esto se distingue de los animales irracionales, que siguen ciegamente la ley de su instinto. La castidad es una virtud que vivirán de modos distintos los esposos en el matrimonio, los no casados y aquellos que han sido llamados por Dios a vivir el **celibato*** *por el Reino de los cielos* (Mt 19, 12).

Jesucristo amó y enseñó a amar esta virtud. Todos los bautizados, ayudados por la gracia de Dios, deben amarla y practicarla según su estado de vida (Compendio del CEC, n.° 491).

PDF **Castidad e integridad personal. Fragmentos del CEC.**

Un testimonio.

info

El celibato apostólico

La elección del celibato apostólico no significa ignorancia ni desprecio hacia el amor humano; supone, por el contrario, amar con un amor más puro, más desinteresado, más sacrificado. Esto es lo que se llama vocación de entrega total a Dios. Y Cristo necesita estas vocaciones en la Iglesia, con el fin de cumplir su misión en el mundo, para la Salvación de las almas.

vocabulario

Celibato: estado de vida en el que, por una opción libre, se permanece soltero.

Jesús transmite un mensaje distinto e innovador. Él da la clave de cómo ser verdaderamente humanos. *El Sermón de la Montaña*, de Carl Heinrich Bloch. Siglo XIX.

actividades

13. CL Ordena el siguiente mensaje de Jesús (Mc 7, 20-23). Luego, explícalo con tus palabras.

sí hace impuro al hombre. / Porque de dentro, del corazón del hombre, / codicias, malicias, fraudes, desenfreno, envidia, / Lo que sale de dentro del hombre, eso / salen los pensamientos perversos, las fornicaciones, robos, homicidios, adulterios, / Todas esas maldades salen de dentro y hacen al hombre impuro. / difamación, orgullo, frivolidad.

14. CI ¿De qué medios humanos y espirituales se puede servir una persona como tú para vivir la virtud de la castidad? Pon ejemplos concretos.

15. Explica por qué, para vivir la castidad, necesitamos la ayuda del Espíritu Santo.

3. El matrimonio, signo de la presencia de Cristo

3.1. El matrimonio y la familia

El matrimonio tiene su origen en la misma naturaleza humana. Podemos observar, por ejemplo, que las instituciones gubernamentales o las leyes cambian con el tiempo: esto es posible porque solo son fruto de la creatividad del ser humano. Sin embargo, la unión del hombre y la mujer ha sido «proyectada» por Dios (Gén 2, 18).

Fruto del acto creador, el amor mutuo entre el varón y la mujer es imagen del amor de Dios trino, y del amor fiel y misericordioso con el que este ama al ser humano. El matrimonio tiene las siguientes propiedades:

- **Exclusividad.** El varón y la mujer se unen para formar una comunidad de vida y amor *de modo que ya no son dos, sino una sola carne* (Mt 19, 6). La aceptación de la **poligamia*** supone un atentado a esta unidad y una afrenta a la dignidad de la mujer, que fue creada y es igual al hombre en todo.
- **Unidad.** Cuando los esposos se unen libremente, Dios sella entre ellos un vínculo que nadie puede romper. El bien de los esposos —que se han entregado el uno al otro— y el de los hijos así lo exige. El **divorcio** atenta plenamente contra esta cualidad fundamental del matrimonio.
- **Fecundidad.** De la entrega recíproca y la complementariedad sexual de los esposos surge, de forma natural, el don de la fecundidad (Gén 1, 28). El **aborto** y la **anticoncepción** atacan esta propiedad esencial del matrimonio.

El matrimonio es la base sobre la que se construye la **familia*.** Dios ha establecido en su plan que los hijos nazcan del amor de los esposos y que todos los seres humanos vengan al mundo arropados por este amor. Además, la familia es el fundamento y la base sobre la que se construye la sociedad. Así, el bien de una nación depende de la estabilidad de las familias que la componen.

info

Relaciones prematrimoniales

La Iglesia no puede aceptar las relaciones prematrimoniales. El amor debe tener su salvaguardia en la estabilidad del matrimonio, para que la unión sexual responda verdaderamente a las exigencias de su propia finalidad y de la dignidad humana. Esta exigencia reclama «un contrato conyugal sancionado y garantizado por la sociedad; contrato que instaura un estado de vida de capital importancia tanto para la unión exclusiva del hombre y de la mujer como para el bien de su familia y de la comunidad humana» (Sagrada Congregación para la Doctrina de la Fe, Cuestiones de ética sexual*).*

vocabulario

Poligamia: matrimonio entre un hombre y varias mujeres.

Familia: comunidad de vida entre un hombre y una mujer, quienes se comprometen a amarse para toda la vida y a cooperar en la generación y la educación de los hijos.

actividades

16. Busca la opción correcta. La institución del matrimonio tiene su origen en...

a el plan creador de Dios. **b** la unión de Adán y Eva. **c** las costumbres de las primeras civilizaciones.

17. Señala los enunciados verdaderos y corrige los falsos.

a El matrimonio es la base sobre la que se construye la familia. **b** La familia nace del amor de los esposos. **c** El bien de los esposos y el de los hijos exigen la indisolubilidad del matrimonio. **d** La persona no necesita a la familia para alcanzar su plenitud.

18. ¿A qué propiedad del matrimonio hace referencia cada enunciado?

a Alianza contraída ante Dios que no se puede disolver. **b** Comunidad de vida y amor entre un hombre y una mujer. **c** Recíproca donación entre los esposos que debe estar abierta a la vida.

3.2. El matrimonio y la familia cristiana

El pecado original debilitó la comunión entre el hombre y la mujer que Dios había previsto. La Biblia narra la introducción de la práctica del divorcio en el pueblo de Israel. Jesús enseñó que, debido a la «dureza de corazón» del ser humano, la ley de Moisés había permitido el divorcio (Mc 10, 4). Pero recordó la voluntad divina sobre el matrimonio: su unidad y su indisolubilidad.

Es curioso comprobar que, al comienzo de su vida pública, Jesús asistió a una boda (Jn 2, 1-11) e hizo en ella su primer milagro. En efecto, en Caná de Galilea, Jesús santificó el matrimonio con su presencia. La Iglesia «ve en ella la confirmación de la bondad del matrimonio y el anuncio de que en adelante el matrimonio será un signo eficaz de la presencia de Cristo» (CEC, n.º 1 613).

Jesucristo elevó el Matrimonio a la dignidad de **sacramento.** Por eso, el matrimonio cristiano es signo de la alianza de amor entre Cristo y la Iglesia: *Maridos, amad a vuestras mujeres como Cristo amó a su Iglesia* (Ef 5, 25).

La Iglesia ha rodeado siempre la celebración del Matrimonio de una liturgia con abundantes ritos que expresan la grandeza de este sacramento. No es inusual que la celebración tenga lugar durante la Santa Misa. Se une, de este modo, el momento en el que los esposos entregan la vida el uno al otro, con la renovación del momento en el que el Señor entregó su vida por nosotros.

Esta unión se construye sobre el consentimiento matrimonial, con el cual los esposos sellan su voluntad de entrega mutua en una alianza de amor. El consentimiento ha de ser plenamente libre, sin coacción ni presión de ningún tipo. Mediante el sacramento del Matrimonio, los esposos reciben gracias destinadas a perfeccionar su amor conyugal, fortaleza para ser fieles el uno al otro, y ayuda para santificarse mutuamente y para formar una familia cristiana.

info

La familia, comunidad de fe y oración

Desde sus orígenes, la vida de la Iglesia ha estado muy unida a la institución familiar. En Hechos de los Apóstoles, que es la historia de los primeros años de la Iglesia, leemos varias veces la conversión de familias enteras que eran oasis de vida cristiana en un mundo pagano. Eran Iglesias domésticas en las que se transmitía la fe de padres a hijos. La situación, en aquel entonces, no era muy diferente de la que vivimos ahora. También hoy la familia cristiana debe contribuir a crear una comunidad de fe y oración que dé testimonio de Cristo.

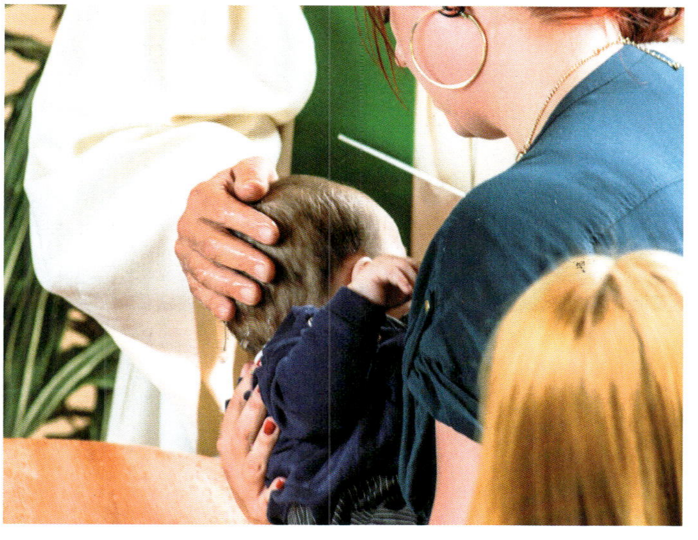

La «inmersión» en el agua simboliza el acto de sepultar al catecúmeno en la muerte de Cristo, de donde sale por la resurrección con Él como *criatura nueva* (2 Co 5, 17).

actividades

19. ¿Cuándo y dónde bendijo Jesús el matrimonio?

20. Indica qué cualidad del matrimonio confirma Jesucristo en cada cita.
a Mc 10, 8. **b** Mt 19, 6.

21. Señala las afirmaciones que hacen referencia a la novedad que Cristo aporta al matrimonio.
a Lo instituye como la unión indisoluble de un hombre y una mujer. **b** Se convierte en signo del amor de Cristo a su Iglesia. **c** Da la gracia para vivirlo en su nueva dignidad de sacramento.

fe y vida

Gilbert y Frances

Pocos defensores de la fe católica han tenido tanta influencia a lo largo del siglo xx como el escritor Gilbert Keith Chesterton (1874-1936). Sin embargo, hay una faceta desconocida en él. Se trata de la gran historia de amor que fue el centro de su vida: su matrimonio con Frances Alice Blogg (1869-1938).

Gilbert se enamoró de Frances nada más verla. Chesterton, que se había bautizado según el rito de la Iglesia anglicana, perdió la fe en su juventud, hasta convertirse en un convencido socialista ateo. La intensa fe anglicana de Frances lo fascinaba. Ella también admiraba la sabiduría y el ingenio de Chesterton... y su completa incapacidad de cuidar de sí mismo.

Gilbert Chesterton, ateo convencido, con el paso de los años, se fue acercando al cristianismo, hasta que se adhirió a la Iglesia católica. Escribió el ensayo *¿Por qué creo en el cristianismo?*

Frances, con su ejemplo, acercó al cristianismo a Chesterton. Cuando, después de un largo proceso, se convenció de la verdad del catolicismo, Chesterton retrasó su conversión, porque no soportaba la idea de que Frances no lo acompañara. Pero, finalmente, la llamada de Dios fue más fuerte y se convirtió en 1922. Ese fue uno de los momentos más heroicos de su vida: en lo más importante de su vida, su fe, estaba solo, sin la compañía de la mujer a la que tanto amaba.

Durante cuatro años, Gilbert rezó sin descanso por la conversión de su esposa a Cristo. Su oración dio fruto: el día de Todos los Santos de 1926, Frances fue recibida en la Iglesia católica. Durante sus años de matrimonio, ambos fueron un ejemplo de vida cristiana: se ayudaban con paciencia, siempre estaban pendientes el uno del otro, fueron fieles y procuraron dar ejemplo de generosidad.

mejora tus competencias

1. CL CC **Lee el siguiente texto de Chesterton sobre su actitud juvenil ante la vida y realiza las actividades.**

«Tenía todos los vicios que ahora llaman virtudes: duda religiosa, desasosiego intelectual, ávida credulidad para todo lo nuevo, ausencia total de equilibrio. Tenía también todas las virtudes que ahora llaman vicios: un sentido lleno de romanticismo, un deseo apasionado de convertir de nuevo el amor del hombre y la mujer en lo que había sido en el Edén, y una intensa necesidad de dar significado a la vida humana».

a ¿El escritor encontró respuesta a los anhelos que brotaban de su interior? Justifica tu respuesta.

b ¿Reconoces en la cultura actual los «vicios que ahora llaman virtudes», que menciona el autor? Pon ejemplos concretos.

c Explica qué son «las virtudes que ahora llaman vicios» de las que se habla en el texto y el modo en que se refleja en él el valor positivo de la afectividad.

Carl, gran amante de las expediciones que nunca pudo realizar, al final de su vida se da cuenta de que la mayor aventura de todas fue la relación que tuvo con su esposa.

Cuando el cine refleja la belleza del matrimonio

Muchas películas que parecen inofensivas y entretenidas reflejan, en realidad, una manera de entender el matrimonio y la familia que no es compatible con los valores cristianos. Es sorprendente la frecuencia con la que se presentan como normales actitudes y conductas que no lo son.

Up es una maravillosa excepción a esta tendencia. En los minutos iniciales de la película, asistimos a la historia de amor entre Carl y Ellie, desde que se conocen, siendo niños, hasta que la muerte los separa, después de muchos años de matrimonio.

Las vidas de Ellie y Carl se cruzan por primera vez cuando son niños. Los une una pasión común: las expediciones científicas a las zonas más recónditas del planeta realizadas por el explorador Charles Muntz.

Carl es tímido y tranquilo. Ellie es un torbellino de actividad. Pero saben que, juntos, son capaces de todo. Así, cuando se casan, construyen la casa en la que han de vivir y empiezan a ahorrar para cumplir su sueño: visitar unas cataratas. Sin embargo, múltiples dificultades hacen imposible que ese sueño se materialice. No obstante, no pierden la sonrisa. Y es que están haciendo realidad un sueño que sí parece inalcanzable: el proyecto de una íntima comunidad de vida y de amor.

En una secuencia carente de diálogo, se retratan muchas virtudes que caracterizan al verdadero matrimonio: el optimismo, el respeto, la entrega mutua en los pequeños detalles y la comprensión.

Pasan los años y, cuando por fin podrán realizar el deseado viaje, Ellie muere. Aunque parezca un final un poco triste, en ese momento comienza una gran aventura para Carl... Toda una vida de fidelidad y entrega lo ha preparado para darse sin límites a quienes lo rodean.

mejora tus competencias

2. **CD** **CA** **Ved en grupos la secuencia de la película y organizad un cinefórum. Podéis comenzar el diálogo respondiendo a las siguientes cuestiones.**

a ¿Cómo se refleja en estas escenas el optimismo y la entrega mutua entre Ellie y Carl?
b ¿La relación entre ellos es de respeto e igualdad? Justificad vuestra respuesta.
c Sabemos que la íntima comunidad de vida y el amor conyugal propios del matrimonio tiene su origen en el acto creador de Dios. Ahora explicad, a partir de los comentarios que ya os ha suscitado la secuencia de la película, qué añade Cristo al matrimonio.

3. **CL** **Lee la Carta a los Hebreos 12, 4-16 y contesta.**

a ¿Qué comparación se establece en este texto?
b ¿Cómo se presenta la corrección?
c ¿Qué valores, en tu opinión, se han de desarrollar en la vida familiar?

síntesis

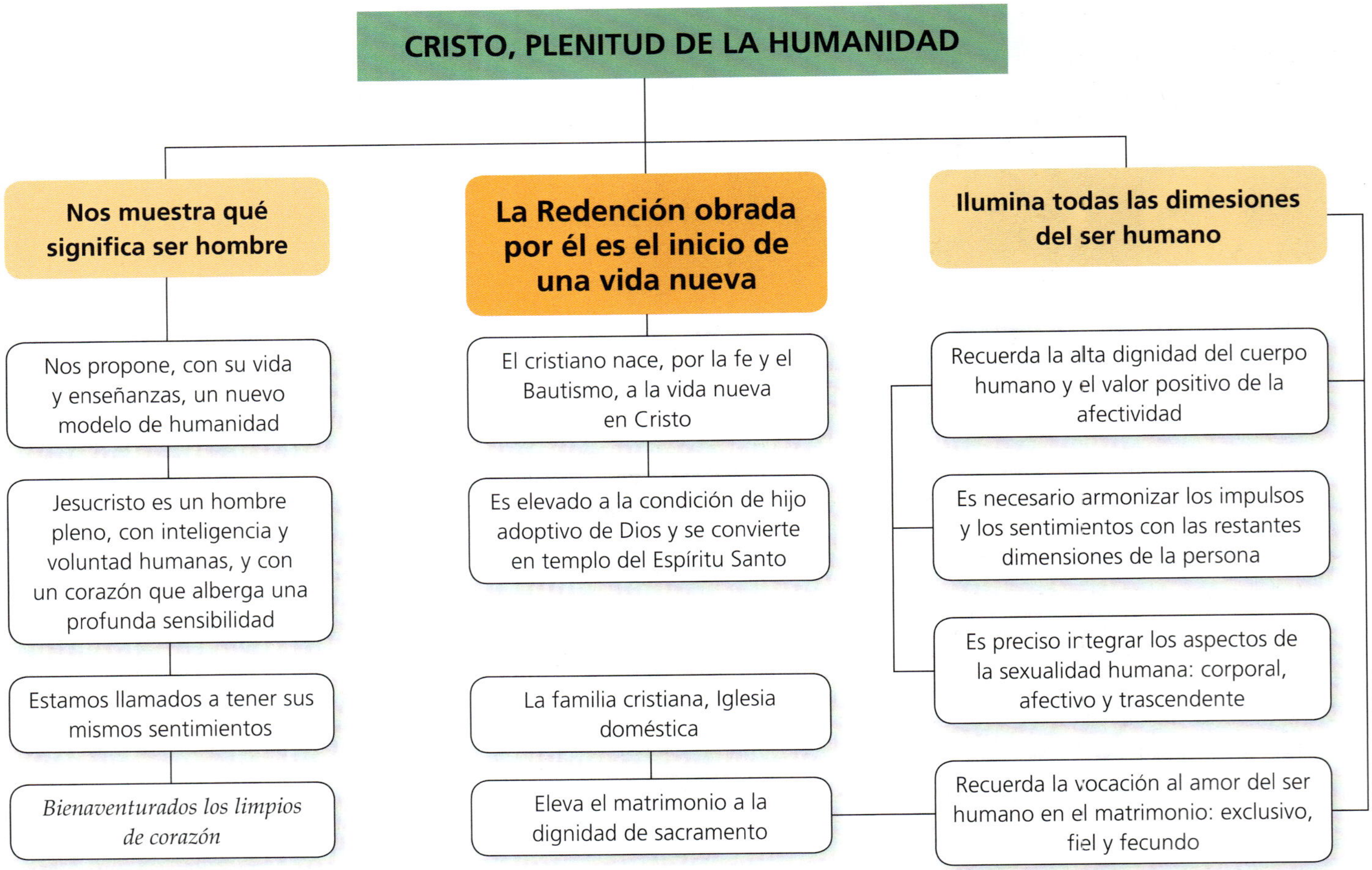

si me preguntan, qué respondo

¿Por qué el Hijo de Dios se hizo hombre?

El Hijo de Dios se hizo hombre por nosotros los hombres y por nuestra Salvación, es decir, para reconciliarnos a nosotros pecadores con Dios, darnos a conocer su amor infinito, ser nuestro modelo de santidad y hacernos partícipes de la naturaleza divina (2 Pe 1, 4) (Compendio del CEC, n.° 85).

¿Qué son las pasiones?

Las pasiones son los afectos, emociones o impulsos de la sensibilidad, que inclinan a obrar o a no obrar, en vista de lo que se percibe como bueno o como malo. La pasión fundamental es el amor, provocado por el atractivo del bien. No se ama sino el bien, real o aparente (Compendio del CEC, n.° 370).

¿Todas las personas están llamadas a vivir la castidad?

Todas las personas, siguiendo a Cristo, están llamadas a vivir la castidad según el propio estado de vida: unos, viviendo el celibato consagrado; otros, si están casados, viviendo la castidad conyugal, y los no casados, practicando la continencia (Compendio del CEC, n.° 491).

¿Qué novedad aporta Cristo al matrimonio?

Jesucristo restablece el orden original del matrimonio querido por Dios y le otorga la gracia para vivirlo en su nueva dignidad de sacramento, que es el signo del amor esponsal hacia la Iglesia (Compendio del CEC, n.° 341).

aCtividadeS

1. **CD CA** Investiga y busca testimonios de personas que ejemplifiquen la figura del hombre nuevo en Cristo al que todos estamos llamados. Escribe en tu cuaderno una breve biografía de cada una de esas personas, y una valoración personal sobre la manera en que han hecho uso de su libertad y sobre el modo en que han expresado su afectividad.

2. **CA CI** Explica cuál es la función de la afectividad en el ser humano. A continuación, pon ejemplos de diferentes formas de vivir la afectividad y señala la que te parece más humana. Argumenta tu respuesta.

3. **CI** ¿Qué le dirías a un amigo o amiga para explicarle que la virtud de la castidad no se ha pasado de moda y que hace mejor persona a quien la vive?

4. **Completa las siguientes palabras de san Pablo (1 Cor 6, 19-20).**

   ¿Acaso no sabéis que vuestro [...] es templo del [...], que habita en vosotros y habéis [...] de Dios? Y no os pertenecéis, pues habéis sido [...] a buen precio. Por tanto, ¡glorificad a Dios con vuestro [...]!

5. **Ordena este fragmento, perteneciente a un texto de la Conferencia Episcopal Española (*La familia, santuario de la vida,* n.º 55).**

   que permite asegurar / La castidad / es la virtud / la donación personal / el dominio del propio cuerpo / para que sea capaz de expresar.

6. **CL Lee el siguiente texto del Compendio del Catecismo de la Iglesia católica (n.º 489) y encuentra en él los tres conceptos que se presentan a continuación.**

   «La virtud de la castidad supone la adquisición del dominio de sí mismo, como expresión de la libertad humana destinada al don de uno mismo».
   a Sometimiento de las pasiones al recto juicio de la razón y a la voluntad.
   b Posibilidad de elegir entre hacer el bien y el mal.
   c Dádiva, presente o regalo.

7. **Completa el texto con las siguientes palabras: fidelidad, santificarse, amor, cristianos, educación.**

   Los esposos [...] están llamados a [...] en la vida familiar, mediante el [...] mutuo, la [...], la fecundidad y la [...] de los hijos.

8. **¿Cómo explicarías a una persona de tu edad las siguientes afirmaciones? Pon por escrito tus argumentaciones.**

   a El amor conyugal es reflejo del amor de Dios hacia el hombre. **b** El matrimonio es el ámbito propio para la generación de los hijos. **c** Hay que orientar rectamente la sexualidad. **d** La sexualidad del hombre y de la mujer es algo bueno.

9. **CA Razona por qué son erróneos los siguientes enunciados. Puedes consultar el Catecismo de la Iglesia católica (n.os 2350, 2352 y 2380-2383).**

   a Para mí, las relaciones sexuales prematrimoniales no son ningún pecado, pues nacen del amor y del mutuo acuerdo. **b** La masturbación es lícita, pues con ella no se hace ningún mal a nadie. **c** Es retrógrado condenar las relaciones adúlteras cuando se mantienen por amor y de común acuerdo.

7 La Iglesia, al servicio de la verdad

interpretamos

1. ¿Qué es la verdad? ¿Qué tiene que ver la verdad con mi vida?
2. ¿Qué significa para un cristiano dar testimonio de la verdad?
3. ¿Cómo resumirías el mensaje de este video?

voy a las fuentes

PDF Jn 18, 28-39

El amor a la verdad

1. Nunca dejamos de aprender

El ser humano tiene una riqueza insondable. Mientras los otros vivientes llevan una existencia marcada por sus instintos, nosotros somos capaces de distanciarnos del mundo, e incluso de nosotros mismos. Gracias a eso, podemos crecer «hacia dentro».

Este prodigioso modo de ser, único en el mundo creado, se despliega en varias dimensiones. Así, gracias a nuestro cuerpo, formamos parte del universo físico y sin él no nos entenderíamos. Pero, al mismo tiempo, tenemos conciencia de que el cuerpo no es simplemente materia.

Gracias a su dimensión psicoespiritual, la persona se trasciende a sí misma. Esta capacidad de salir de sí mismo, hace que se pueda elevar a lo más alto. Los seres humanos no nos contentamos simplemente con lo limitado de este mundo.

Al mismo tiempo, sentimos la necesidad de comunicar y de compartir lo que tenemos dentro: somos seres sociales. De ahí la importancia de aprender a relacionarnos con los demás y, de una manera especial, con Dios. Para ser felices y vivir en plenitud, tenemos que aprender cómo es Dios, cómo podemos hablar e intimar con él, en armonía con el resto de la Creación y, en especial, con los demás seres humanos.

Pero ¿es posible crecer armónicamente en todas esas dimensiones? Es posible si advertimos que el verdadero aprendizaje se fundamenta en el empeño decidido en la búsqueda compartida de la verdad; en ella, nuestra experiencia se enriquece y maduramos. Esta es, además, una tarea que dura toda la vida: nunca dejamos de aprender.

Crecer es, por lo tanto, mucho más que lo que se hace en el colegio: las cosas esenciales no se enseñan solo en un aula. Para aprender lo que es una vida lograda, además de profesores, necesitamos maestros.

El verdadero aprendizaje se fundamenta en el empeño de buscar la verdad; en esa búsqueda, nuestra experiencia se enriquece y maduramos.

actividades

1. Indica qué enunciados son verdaderos y corrige los falsos.

a Hay personas que no necesitan a los demás. **b** Las relaciones humanas nos impiden desarrollar nuestra propia identidad. **c** Para realizarme plenamente, necesito a otras personas que me orienten y guíen.

2. **CS** Lee las siguientes palabras del papa Francisco y realiza las actividades.

«Todos nosotros estamos en camino, poniendo en marcha un proceso. [La escuela] es un lugar de encuentro en el camino. Y nosotros, hoy, tenemos necesidad de esta cultura del encuentro para conocernos, para amarnos, para caminar juntos».

a Explica con tus palabras a qué se refiere el Papa cuando habla de la «cultura del encuentro». **b** ¿Por qué crees que el Papa insiste en la necesidad de ese «encuentro»?

2. Jesús, Maestro

El Hijo del hombre no ha venido a ser servido sino a servir y a dar su vida en rescate por muchos (Mt 20, 28).

En la época en la que vivió Jesús, se aprendía a leer la Torá y la práctica del judaísmo en la sinagoga. Si alguien quería profundizar en la Ley, debía unirse al grupo de discípulos de un rabí, es decir, de un maestro.

Jesús era considerado un rabí. Sin embargo, sus discípulos pronto descubrieron que era un maestro singular. A diferencia de otros rabinos, fue él quien salió en su búsqueda. Así, tras una noche de oración, fue llamando a los doce Apóstoles personalmente (Mt 10, 1-4).

Además, Jesús era **cercano a sus discípulos:** convivía con ellos, comían juntos y realizaba acciones que hoy resultan asombrosas, como el lavatorio de los pies en la Última Cena (Jn 13, 14).

Su mensaje era muy novedoso. Así lo demuestran sus enseñanzas sobre la paternidad de Dios o sobre la ley del Amor. Pero existía una diferencia más radical: **él se situaba en el centro de su predicación.** En el discurso del Sermón de la Montaña, por ejemplo, ratificó y explicó la ley de Moisés, pero de una forma singular: *Habéis oído…* […] *Pero yo os digo…* (Mt 5, 38-39). **Establecía su autoridad sobre la misma Ley.** El propio Jesús se define como *el camino y la verdad y la vida* (Jn 14, 6).

Jesús no tenía autoridad por el hecho de que impusiera por la fuerza sus enseñanzas. Estas **gozaban de credibilidad** porque él acompañaba sus palabras con obras de amor: **hacía lo que decía.** Si enseñaba que había que amar a todos sin excepción, él se acercaba a los leprosos; si enseñaba que había que compartir, él no tenía bienes; si enseñaba que había que amar sin reservas, él dio la vida por nosotros y murió perdonando.

Jesús suscita en sus discípulos un **cambio de mentalidad.** Él, que se reconocía como *el Mesías, el Hijo del Dios vivo* (Mt 16, 16), quiso manifestarnos el sentido de su autoridad desde la cruz: *el Hijo del hombre no ha venido a ser servido sino a servir y a dar su vida en rescate por muchos* (Mt 20, 28).

info

La paradoja cristiana

Se le acercó la madre de los hijos de Zebedeo con sus hijos y se postró para hacerle una petición. Él le preguntó: «¿Qué deseas?». Ella contestó: «Ordena que estos dos hijos míos se sienten en tu Reino, uno a tu derecha y el otro a tu izquierda». […] *Los otros diez, al oír aquello, se indignaron contra los dos hermanos. Y llamándolos, Jesús les dijo: «Sabéis que los jefes de los pueblos los tiranizan y que los grandes los oprimen. No será así entre vosotros: el que quiera ser grande entre vosotros, que sea vuestro servidor, y el que quiera ser primero entre vosotros, que sea vuestro esclavo. Igual que el Hijo del hombre no ha venido a ser servido sino a servir y a dar su vida en rescate por muchos»* (Mt 20, 20-28).

actividades

3. CA Lee Mt 13, 53-56 y contesta a las siguientes cuestiones.
   a ¿Por qué se extrañaban algunos judíos por la sabiduría de Jesús? **b** ¿En qué se diferenciaban las enseñanzas de Jesús de las de otros maestros judíos?

4. Reflexiona sobre el pasaje evangélico que se encuentra al margen y explica el cambio de mentalidad que pide Jesús a sus discípulos.

5. CA Lee los siguientes pasajes evangélicos y explica con tus palabras por qué Jesús gozaba de credibilidad: Lc 17, 11-19; Mt 8, 18-26 y Lc 23, 33-38. A continuación, busca otros dos ejemplos en los evangelios.

3. La Iglesia al servicio de la verdad

3.1. La Iglesia, Maestra

Jesús enseñó a sus discípulos y a aquellos que lo seguían por los pueblos de la actual zona geográfica de Palestina. Pero ¿qué sucede con todos aquellos que han llegado al mundo dos mil años después de su ascensión a los Cielos?

Jesús, poco antes de su muerte, prometió que seguiría actuando como maestro para enseñar a los hombres el camino hacia Dios, con la ayuda del Espíritu Santo: *Muchas cosas me quedan por deciros, pero no podéis cargar con ellas por ahora; cuando venga él, el Espíritu de la verdad, os guiará hasta la verdad plena* (Jn 16, 12-13).

Tras su resurrección, dijo a sus discípulos: *Id, pues, y haced discípulos a todos los pueblos, bautizándolos en el nombre del Padre y del Hijo y del Espíritu Santo; enseñándoles a guardar todo lo que os he mandado. Y sabed que yo estoy con vosotros todos los días, hasta el final de los tiempos* (Mt 28, 19-20). De este modo, Jesucristo envió a los Apóstoles con la misión de anunciar la Buena Nueva a todo el mundo.

Jesús, al lado del Padre, envió al Espíritu Santo sobre sus Apósteles. La Iglesia de Cristo se manifestó públicamente por primera vez e inició su expansión por el mundo. Desde su venida, el Espíritu de la Verdad está a través de la Iglesia con los hombres para siempre: nos prepara con su gracia para atraernos a Cristo, nos recuerda todo lo que él ha dicho y nos lo hace presente para conducirnos a la comunión con Dios.

Cristo ha querido seguir presente en la historia, accesible a los seres humanos, con el rostro concreto de la comunidad cristiana: la Iglesia. La razón de ser de la Iglesia no es simplemente la transmisión de un mensaje sublime o el descubrimiento de una persona maravillosa. Su misión es traernos realmente a Jesucristo y de él extrae su impulso misionero: *Porque nos apremia el amor de Cristo* (2 Cor 5, 14).

info

La enseñanza de los Apóstoles

Preguntaron a Pedro y a los demás apóstoles: ¿Qué tenemos que hacer, hermanos? Pedro les contestó: «Convertíos y sea bautizado cada uno de vosotros en el nombre de Jesús, el Mesías, para perdón de vuestros pecados, y recibiréis el don del Espíritu Santo. [...] *Los que aceptaron sus palabras se bautizaron, y aquel día fueron agregadas unas tres mil personas. Y perseveraban en la enseñanza de los apóstoles, en la comunión, en la fracción del pan y en las oraciones* (Hch 2, 37-38.41-42).

Fresco de la escena de Pentecostés en la iglesia de Altlerchenfelder (Viena).

La Iglesia de Cristo.

actividades

6. Lee el texto del margen y explica cómo vivían los primeros cristianos su fe en la Iglesia.

7. Completa el siguiente texto del CEC (n.º 771) con estos términos: amor, comunicar, Iglesia, verdad, estableció.
«Cristo, el único Mediador, [...] en este mundo su [...] santa, comunidad de fe, esperanza y [...], como un organismo visible. La mantiene aún sin cesar para [...], por medio de ella, a todos la [...] y la gracia».

8. Relaciona adecuadamente los elementos y completa los enunciados.
a La identidad del Pueblo de Dios es... **b** La ley por la que se rige este pueblo es... **c** La misión de la Iglesia es... **d** El destino de la Iglesia es...
1 ser la sal y la luz del mundo. **2** la ley del Amor. **3** el Reino de Dios. **4** la dignidad y la libertad de los hijos de Dios.

3.2. Diversidad de ministerios, unidad de misión

La Iglesia no busca nada para sí misma: como el Maestro, solo quiere *servir y dar su vida por la Salvación del mundo* (Mc 10, 45). Es como la **sal,** que cumple su misión disolviéndose. El mundo anhela un sentido último y necesita ser salado, esto es, que alguien le muestre otra manera de vivir con sabor a eternidad.

Y viviendo en medio del mundo, será también **luz** para las gentes; les mostrará que pueden alcanzar la Verdad y el Amor: a Dios. Todos los cristianos, sea cual sea el estado de vida al que Dios les haya llamado dentro de la Iglesia, tienen la misión de testimoniar la verdad con su propia vida (Mt 28, 18-20). Pero este mandato se lleva a cabo dependiendo de los **ministerios** y **carismas** que da a cada uno el **Espíritu Santo.**

La mayoría de los miembros de la Iglesia son **laicos:** ellos iluminan al mundo haciendo que «las personas de su entorno —en el colegio, la formación, la familia y el trabajo— conozcan el Evangelio y aprendan a amar a Cristo» (Youcat, n.º 139).

Algunos fieles reciben un don especial del Espíritu Santo para ponerse al servicio de sus hermanos. Forman la jerarquía de la Iglesia y son aquellos que han recibido el **sacramento del Orden*.** Tiene **tres grados:** el episcopado, el presbiterado y el diaconado. Los obispos y los presbíteros reciben de Cristo la potestad sacerdotal para ejercer los actos propios del ministerio. Los diáconos ayudan a los obispos y a los sacerdotes en las funciones sagradas, en la predicación y en el ejercicio de la caridad.

Entre los laicos y los que han recibido el sacramento del Orden, Dios elige a algunos hombres y mujeres para que profesen los votos evangélicos: son los fieles de **vida consagrada.** No son un tipo especial de cristianos, si bien su vida los convierte, en medio de la Iglesia y del mundo, en figuras de autoridad, reconocidas por su servicio y testimonio.

▶ **El nuevo Pueblo de Dios.**

▶ **El sacramento del Orden.**

info

La Eucaristía, centro de la vida de la Iglesia

«Los obispos, ayudados por los presbíteros, sus colaboradores, y por los diáconos, tienen la misión de enseñar auténticamente la fe, de celebrar el culto divino, sobre todo la Eucaristía, y de dirigir su Iglesia como verdaderos pastores. A su misión pertenece también el cuidado de todas las Iglesias, con y bajo el Papa» (CEC, n.º 939).

vocabulario

Orden: uno de los siete sacramentos de la Iglesia católica, mediante el cual la misión confiada por Cristo a sus Apóstoles se sigue ejerciendo, hasta el fin de los tiempos.

La Iglesia está formada por laicos y clero. Conforman el clero ministros sagrados que han recibido el sacramento del Orden.

actividades

9. **Relaciona los conceptos.**

a Sacerdocio ministerial. **b** Fieles de vida consagrada. **c** Muerte y resurrección de Cristo. **d** Nuevo Pueblo de Dios. **e** Pentecostés.

1 Iglesia. **2** Obispos y presbíteros. **3** Nueva Alianza. **4** Votos evangélicos. **5** Primera manifestación de la Iglesia.

10. **Explica cómo deben cumplir la misión que Jesús dio a su Iglesia las siguientes personas.**

a Un sacerdote. **b** Un laico. **c** Una religiosa contemplativa.

11. **Indica cuáles de las siguientes afirmaciones son verdaderas y corrige las falsas.**

a Los laicos dispensan la gracia de Cristo a través del ministerio de la Palabra y de los sacramentos. **b** Los fieles consagrados participan en la misión de la Iglesia mediante una plena entrega a Cristo y a los hermanos. **c** Los laicos participan en la misión de la Iglesia cuando ofrecen a Dios su vida, sus trabajos y su caridad hacia los demás.

info

El sentido sobrenatural de la fe

«La totalidad de los fieles [...] no puede equivocarse en la fe. Se manifiesta esta propiedad suya, tan peculiar, en el sentido sobrenatural de la fe de todo el pueblo: cuando desde los obispos hasta el último de los laicos cristianos muestran su consentimiento en cuestiones de fe y de moral» (Lumen gentium, n.º 12).

3.3. La Iglesia participa en la misión de Cristo

Dios *quiere que todos los hombres se salven y lleguen al conocimiento de la verdad* (1 Tim 2, 4), es decir, de Jesucristo. Para que esto sea posible, todos los fieles reciben el don del Espíritu Santo por el Bautismo y participan en la **transmisión de la verdad revelada.**

Los Apóstoles transmitieron a sus sucesores, los obispos y, a través de estos, a todas las generaciones hasta el fin de los tiempos, todo lo que habían recibido de Cristo y habían aprendido del Espíritu Santo. De esta forma, el depósito de la fe ha sido confiado de una vez para siempre a la Iglesia.

El Espíritu Santo sostiene este **sentido sobrenatural de la fe** del Pueblo de Dios. Por eso, todos los fieles, cuando se adhieren firmemente a esa fe bajo la guía del Magisterio de la Iglesia, acogen sin error la verdad revelada, la comprenden cada vez mejor y la llevan a su vida concreta.

Además, por la fe y el Bautismo, cada fiel se hace «otro Cristo» y, por tanto, asume su **misión sacerdotal** de hacer presente a Dios entre todos los hombres. Junto a este **sacerdocio común** de todos los fieles, está el sacerdocio ministerial.

Que todos los fieles ejerzan, según su vocación propia, su sacerdocio bautismal no quiere decir que sea irrelevante el sacerdocio ministerial. Al contrario, para que todos los cristianos puedan cumplir su misión sacerdotal, necesitan ser enseñados y alimentados con la **Palabra** y los **sacramentos** que reciben de los ministros ordenados (CEC, n.º 1 120).

Por último, el Pueblo de Dios responde a su alta dignidad viviendo de acuerdo con su **vocación de servir** a imagen de Cristo. «La Iglesia abraza con su amor a todos los afligidos por la debilidad humana; más aún, reconoce en los pobres y en los que sufren la imagen de su fundador pobre y paciente, se esfuerza en remediar sus necesidades y procura servir en ellos a Cristo» (*Lumen gentium*, n.º 8).

Por la fe y el Bautismo, cada fiel se hace «otro Cristo». De este modo, asume su misión sacerdotal de hacer presente a Dios entre todos los hombres.

actividades

12. ¿Cómo quiso Dios que, lo que había revelado para Salvación de todos los pueblos, se conservara por siempre íntegro y fuera transmitido a todas las generaciones?

13. ¿Por qué decimos que todos los bautizados están llamados a ejercer el sacerdocio común? Pon ejemplos.

Porque estamos "obligados" a dar a conocer y apoyar al cristianismo con nuestro ejemplo a otras personas.

14. Si completas el siguiente texto del CEC (n.º 876) con estos términos, descubrirás por qué el ministerio ordenado en la Iglesia es un servicio: Cristo, otros, gracia, libremente.

«Como la Palabra y la [...], de la cual son ministros, no son de ellos, sino de [...], que se las ha confiado para los [...], ellos se harán [...] esclavos de todos».

3.4. Cristo es la fuente del ministerio sacerdotal

Hay instituciones humanas que tienen una clara estructura democrática; otras, en cambio, distinguen entre niveles de mando: en un equipo deportivo, lo que indica el entrenador tiene más peso que lo que opina un jugador; en una orquesta, es el director quien marca el tiempo o la entrada de los distintos instrumentos.

La Iglesia, por voluntad de Dios, es una institución jerárquica. La imagen que puede servir es la de la familia. Así, en una familia guían los padres, pero no por interés propio: lo que les importa es el bien de los hijos. La tarea del Papa y de los obispos es, en virtud de la autoridad que reciben de Cristo, asegurarnos el camino de la verdad. ¿Y cómo realizan esta tarea?

- **La misión de enseñar.** Los obispos, con sus presbíteros, tienen como deber dar a conocer a todos los hombres las enseñanzas de Jesús. Son los maestros auténticos, por estar dotados de la autoridad del mismo Cristo y por contar con la ayuda del Espíritu Santo.

  Los obispos ejercitan su ministerio en el seno del **Colegio episcopal,** en comunión con el Papa, y los sacerdotes actúan en unidad con el clero de su diócesis, bajo la dirección de su obispo. La unión fraternal entre ellos contribuye a la unión entre los fieles (CEC, n.º 877).

- **La misión de santificar.** Los obispos han de acercar los medios de Salvación que ha instituido Jesucristo a todos los seres humanos. Lo hacen, principalmente, mediante los sacramentos, especialmente, la Eucaristía. Deben, asimismo, santificar la Iglesia con su oración y su ejemplo.
- **La misión de gobernar.** Los obispos, como enviados de Cristo, tienen que orientar a los fieles de sus Iglesias particulares en el camino hacia la Salvación, mediante sus enseñanzas y sus preceptos. Así, indican de qué manera ha de aplicarse el mensaje evangélico a las circunstancias concretas en las que viven los fieles.

▶ **La misión del sacerdote.**

info

Importunad a los pastores

«A imitación de Jesús, todo pastor a veces estará delante para indicar el camino [...], otras veces estará simplemente en medio de todos con su cercanía sencilla y misericordiosa, y en ocasiones deberá caminar detrás del pueblo para ayudar a los rezagados. ¡Ojalá que todos los pastores sean así! Pero vosotros importunad a los pastores, para que os den la guía de la doctrina y de la gracia» (Francisco, Regina Coeli, 11 de mayo de 2014).

actividades

15. Enuncia las tres funciones principales de los ministros en la Iglesia y pon un ejemplo de cada una.

16. CA Analiza las misiones que Jesucristo confió a san Pedro y a sus sucesores. Para eso, tendrás que leer y explicar los siguientes textos.

a Mt 16, 13-20. **b** Jn 21, 15-17. **c** Lc 22, 31-32.

17. CL Escribe un comentario personal sobre la siguiente petición del Papa a los sacerdotes.

«Tengan siempre ante sus ojos el ejemplo del Buen Pastor, que no ha venido para ser servido, sino para servir; no para permanecer en sus comodidades, sino para salir y buscar y salvar aquello que estaba perdido».

info

La infalibilidad

«El Romano Pontífice, cabeza del Colegio episcopal, goza de esta infalibilidad en virtud de su ministerio cuando, como Pastor y Maestro supremo de todos los fieles que confirma en la fe a sus hermanos, proclama por un acto definitivo la doctrina en cuestiones de fe y moral. [...] La infalibilidad prometida a la Iglesia reside también en el cuerpo episcopal cuando ejerce el magisterio supremo con el sucesor de Pedro, sobre todo, en un concilio ecuménico» (CEC, n.° 891).

3.5. El primado del Papa

Jesús llamó a Pedro «piedra» de la Iglesia: *Yo te digo: tú eres Pedro, y sobre esta piedra edificaré mi Iglesia, y el poder del infierno no la derrotará* (Mt 16, 18). Le da las llaves y lo nombra pastor de todos los fieles: *Te daré las llaves del Reino de los cielos* (Mt 16, 19). Este primado de Pedro responde, pues, a la voluntad expresa de Jesucristo.

Cuando se habla de primado, se quiere señalar que es el primero sobre todos los demás. El Papa, Obispo de Roma y sucesor de san Pedro, es principio y fundamento de unidad, tanto de los obispos como de los demás fieles (*Lumen gentium*, n.° 23).

Sin la aprobación del Obispo de Roma, la reunión de los obispos perdería su eficacia: la autoridad del Colegio episcopal depende de que tenga al Papa por cabeza. La unión de los cristianos con Roma es una señal cierta de la unidad de la Iglesia. Del mismo modo que la vid separada del sarmiento se seca, no hay posibilidad de frutos espirituales si no se está unido al Papa, Vicario de Cristo y Pastor de toda la Iglesia.

Muchos papas fueron santos (abundan los mártires, los místicos, los sabios, los grandes legisladores, etc.). Otros fueron pecadores, más interesados por los asuntos mundanos que por los divinos. Pero ninguno de ellos retocó el dogma a su gusto ni incurrió en error en la transmisión del Evangelio.

Así, por ejemplo, por limitarnos a los dos últimos siglos, encontramos cómo los papas están profundamente comprometidos con Dios, involucrados con los hombres de su tiempo, que han luchado frente a las imposiciones de las corrientes del mundo, denunciando los abusos cometidos contra las personas y dedicando hasta su último esfuerzo en servir a todos los seres humanos y al Evangelio y a recordar la alegría que va unida al mensaje salvador del Señor.

El Señor hizo de Pedro la piedra de su Iglesia. Le entregó las llaves de ella (Mt 16, 18-19) y lo instituyó pastor de todo el rebaño (Jn 21, 15-17).

actividades

18. **CA** **Lee las siguientes citas bíblicas y relaciónalas con lo que has estudiado sobre el primado del Papa.**
a Mt 16, 18. **b** Mt 16, 19. **c** Jn 15, 1-8. **d** Hch 2, 37. **e** Hch 15, 7.

19. **Completa el siguiente texto del Compendio del CEC (n.° 182) con estos términos: sucesor, Cristo, universal, fundamento, Obispo, divina, obispos.**
«El Papa, [...] de Roma y [...] de san Pedro, es el perpetuo y visible principio y [...] de la unidad de la Iglesia. Es el Vicario de [...], cabeza del Colegio de los [...] y pastor de toda la Iglesia, sobre la que tiene, por institución [...], la potestad plena, suprema, inmediata y [...]».

4. La responsabilidad de la verdad

Vivimos en una sociedad en la que no todos sus integrantes son creyentes ni conocen la Buena Nueva. La Iglesia, en primer lugar, nos impulsa a ahondar en las verdades que el Señor ha querido manifestarnos. De hecho, este es el conocimiento más valioso, pues nos permite alcanzar la felicidad, tanto en esta vida como en la futura.

En segundo lugar, los cristianos, depositarios de la fe, hemos de custodiar y transmitir ese bien recibido. Ahora bien, el cristiano siempre debe tener presentes las **condiciones** que permiten una adecuada transmisión de la fe:

- **El respeto a la libertad de conciencia.** Tenemos que reclamar, para nosotros y para todos, la libertad de religión, ya que es un derecho fundamental de la persona. Dios no se impone, sino que respeta la libertad. En consecuencia, hemos de ser respetuosos con las creencias de todos los seres humanos, aunque no sean las nuestras. Esta es una exigencia de la dignidad absoluta de la persona humana.

  Además, nadie se convertirá en creyente por el hecho de que se le presente una inmensa cantidad de silogismos. Eso sí, los argumentos pueden disponer al hombre hacia la conversión. Por eso, la Iglesia nos impulsa a una nueva evangelización de nuestra cultura.

- **La coherencia de vida.** La presentación de la verdad divina debe ir acompañada de las obras de Dios, cuya expresión fundamental es el amor.

- **La adecuada presentación del mensaje de Jesucristo** y el modo en que se anuncia. El principio que rige nuestra actuación debe ser siempre la caridad. De esta manera, nuestras argumentaciones serán pacíficas y estarán bien fundamentadas. Debemos, además, recordar que no se es cristiano «contra» o «a pesar de» (la libertad, el pecado, los demás, etc.): se es cristiano «para» o «a favor de» (la comunión con Dios y con el resto de los seres humanos).

La fe cristiana es hermosa y atractiva, y responde a las inquietudes más profundas del ser humano. Nunca busca oponerse o estar contra las personas.

actividades

20. Enuncia las condiciones esenciales para una adecuada transmisión de la fe cristiana. Piensa en dos razones más que no se hayan mencionado en el texto.

21. ¿Los cristianos tienen la conciencia de ser mensajeros? ¿Por qué?

22. CA Busca en los evangelios tres ejemplos de la actitud que Jesús mantuvo ante los que lo rechazaban y aplícalos a lo que debería ser la actitud de un cristiano de hoy ante los que rechazan el Evangelio.

23. CS ¿De qué modo el cristiano debe ser testigo de la verdad? Para responder adecuadamente, puedes leer los n.ºs 521 y 523 del Compendio del CEC.

fe y vida

Creados para la verdad y el bien

Juan Pablo II tuvo una vida llena de plusmarcas, empezando por el hecho de que fue el primer polaco que se convirtió en Papa. Karol Wojtyla nació en Wadowice el 18 mayo de 1920. A los 20 años, se quedó huérfano y solo en una Polonia invadida por las tropas nazis. Lolek, como lo llamaban sus amigos, era deportista, poeta y un gran lector; siempre llevaba un libro en el bolsillo, mientras trabajaba en las canteras y en la fábrica Solvay. Además, colaboraba como actor y guionista en el clandestino Teatro Rapsódico.

En medio de este fragor, descubrió la vocación al sacerdocio y cursó sus estudios en el también clandestino seminario de Cracovia. Por fin, se ordenó sacerdote en 1946. Fue obispo a los 38 años, arzobispo de Cracovia a los 44, cardenal a los 47 y Papa a los 58. Siempre dedicó una especial atención a los jóvenes, lo que quedó plasmado en sus entusiastas Jornadas Mundiales de la Juventud. «¡Vosotros sois mi esperanza!», les repetía.

«Los caminos del Señor no son cómodos, pero tampoco hemos sido creados para la comodidad, sino para amar, para hacer cosas grandes, para hacer el bien».

En los últimos años de su vida, el mundo entero contempló su entrega al servicio de la Iglesia. En 1981, Juan Pablo II sufrió un atentado que estuvo a punto de costarle la vida. A partir de 1990, su salud se deterioró gravemente (enfermedad de Parkinson, cáncer…). En la primavera del año 2005 tuvo un repentino empeoramiento del que nunca se recuperó. En sus momentos finales, el Papa dictó a su secretario, Stanisław Dziwisz, una carta en la que decía: «Soy feliz, sedlo también vosotros. No quiero lágrimas. Recemos juntos con satisfacción. En la Virgen confío todo felizmente».

A menudo, decía a los jóvenes: «Los caminos del Señor no son cómodos, pero tampoco hemos sido creados para la comodidad, sino para amar, para hacer cosas grandes, para hacer el bien».

mejora tus competencias

1. CL CC Lee las siguientes palabras de Benedicto XVI durante la Misa de beatificación de Juan Pablo II. Luego, investiga en Internet los detalles de porqué las fechas que se citan son tan significativas en la vida de Juan Pablo II.

   «Este es el segundo domingo de Pascua, que el beato Juan Pablo II dedicó a la Divina Misericordia. Por eso se eligió este día para la celebración de hoy, porque mi predecesor, gracias a un designio providencial, entregó el espíritu a Dios precisamente en la tarde de la vigilia de esta fiesta. Además, hoy es el primer día del mes de mayo, el mes de María, y es también la memoria de san José Obrero».

2. CD CA Observa el video y redacta una breve reflexión sobre el modo en que te interpela personalmente la frase de Juan Pablo II: «No tengáis miedo de abrir vuestro corazón a Jesucristo».

fe y cultura

Iglesia, verdad y medios de comunicación

La Iglesia es una institución peculiar, diferente de cualquier otra institución humana; por una parte, es una realidad humana e histórica; por otra, es un misterio de fe y de Salvación. Su finalidad es servir a la verdad, transmitir el Evangelio y proporcionar a los hombres los medios necesarios para la Salvación. En un mundo secularizado —en parte— como el nuestro, sucede con frecuencia que la información sobre la doctrina de la Iglesia y sus actividades pastorales se dan a conocer de una manera poco exacta y rigurosa, cuando no deformada.

A lo largo de la historia, la Iglesia se ha valido de todos los medios humanos nobles a su alcance con el fin de servir a los demás. Además, para informar de sus acciones y fines, desde 1861 existe un periódico editado en el Vaticano, *L'Osservatore Romano*. También hay una emisora de radio (Radio Vaticana) y un Centro Televisivo Vaticano. Actualmente, la Iglesia está presente en Internet y en las redes sociales.

Asimismo, en las diversas diócesis del mundo han ido surgiendo iniciativas similares, unas veces impulsadas por la jerarquía; otras, por fieles católicos, muchos de ellos profesionales de los medios de comunicación.

A esto hay que añadir que numerosos actos de la Iglesia católica se han ido convirtiendo en **acontecimientos informativos excepcionales** a los que se presta una cobertura mediática excepcional, con cientos de millones de espectadores: celebraciones papales, viajes apostólicos internacionales, Jornadas Mundiales de la Juventud, etcétera.

En muchos países se han desarrollado, además, **grupos de comunicación** de inspiración católica —en la prensa escrita, en Internet, en radio y en televisión—, que trabajan por la justicia, la verdad y el amor, pero que son independientes de la jerarquía eclesiástica y que conforman un buen porcentaje de la edición mundial.

mejora tus competencias

3. CD CA **Un fichero es una buena forma de tener información ordenada y a mano. Realizad un fichero sobre los principales documentos del papa Francisco. Para eso, acudid al portal de la Santa Sede y consultad en sus escritos.**
Elaborad una ficha de cada uno de ellos; en cada ficha han de aparecer los siguientes datos: nombre latino del escrito, traducción al español, fecha de publicación y tema que aborda. Podéis hacerlo en soporte informático o en fichas de cartulina.

4. CD CC **Investigad sobre los viajes del papa Francisco. Conseguid un mapamundi mudo y coloread los países que ha visitado en sus años de pontificado. Así, podréis daros cuenta del esfuerzo evangelizador de Francisco.**
Podéis encontrar información en la página web de la Santa Sede y en otros medios de comunicación. A partir de vuestra investigación, haced una valoración personal sobre la función de la Iglesia al servicio a la verdad en la actualidad.

Portal electrónico de la Santa Sede.

síntesis

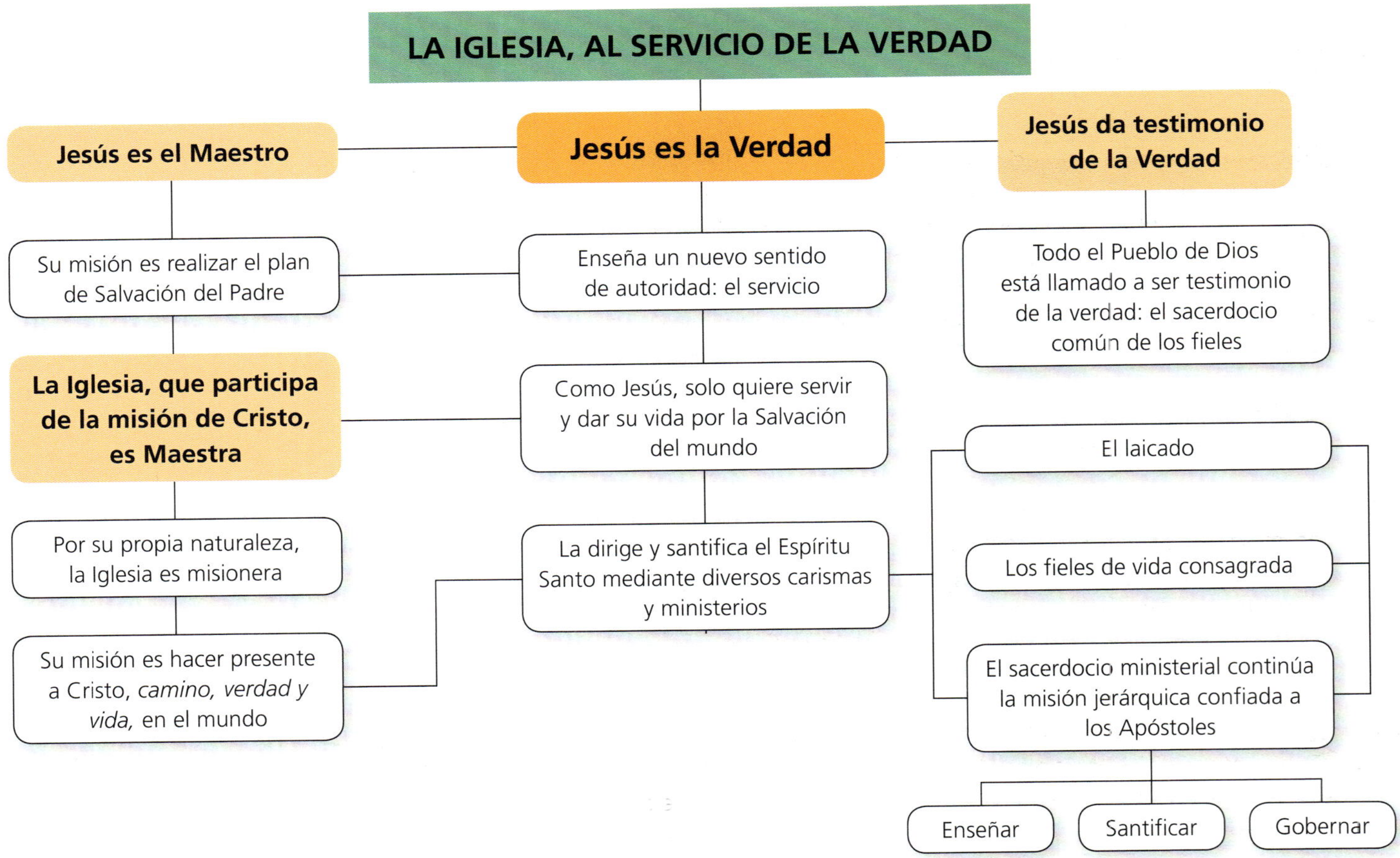

si me preguntan, qué respondo

¿Qué deberes tiene el hombre respecto a la verdad?

Cada uno tiene el deber de buscar la verdad y de adherirse a ella, ordenando la propia vida según las exigencias de la verdad. En Jesucristo, la verdad de Dios se ha manifestado íntegramente: él es la verdad. Quien lo sigue, vive en el Espíritu de la verdad (Compendio del CEC, n.° 521).

¿Cómo se da testimonio de la verdad?

El cristiano debe dar testimonio de la verdad evangélica en todos los campos de su actividad pública y privada; incluso con el sacrificio, si es necesario, de la propia vida. El martirio es el testimonio supremo de la verdad de la fe (Compendio del CEC, n.° 522).

¿Qué tres oficios ha dado Cristo a su Iglesia para que pueda cumplir su misión?

Para cumplir su misión, Jesucristo ha dado a su Iglesia tres poderes o tareas: a) de enseñar, para que dé a conocer sus enseñanzas; b) de santificar, por medio de los sacramentos y la oración; c) de guiar, para conducir a los hombres hacia la Salvación. Este triple oficio corresponde a los ministros sagrados y al resto de los miembros de la Iglesia, que participan de él, cada uno según su estado y condición (Compendio del CEC, n.° 155).

¿Qué es el sacramento del Orden?

El sacramento del Orden es aquel mediante el cual la misión confiada por Cristo a sus Apóstoles la sigue ejerciendo la Iglesia, hasta el fin de los tiempos. Este sacramento se compone de tres grados: episcopado, presbiterado y diaconado (Compendio del CEC, n.os 322 y 325).

actividades

1. CI Identifica a personas que son autoridades en tu vida y explica cómo reconoces en ellas la verdad.

2. CD Visiona las escenas seleccionadas de la película *El hombre que hacía milagros* y el recurso que la acompaña. A continuación, contesta a las cuestiones.

   a ¿Cuáles crees que son los motivos que hacen de Jesús un hombre de multitudes? **b** ¿Cómo enseñaba Jesús? **c** ¿En qué se diferenciaba de otros maestros de su época?

3. Explica qué significa que la Iglesia es servidora de la verdad e indica tres vocaciones distintas en las que los fieles cristianos responden a esta llamada de Dios.

4. CD CC Investiga, localiza y justifica tres acontecimientos de la historia en los que la Iglesia ha defendido la verdad del ser humano.

5. Completa el siguiente texto del Compendio del CEC (n.º 178) con estos términos: sagrados, evangélicos, jerarquía, divina, consagran.

   «En la Iglesia, por institución [...], hay ministros [...], que han recibido el sacramento del Orden y forman la [...] de la Iglesia. A los demás fieles se les llama laicos. De unos y otros provienen fieles que se [...] de modo especial a Dios por la profesión de los consejos [...]: castidad en el celibato, pobreza y obediencia».

6. CD Visiona las escenas seleccionadas de la película *Karol II. El Papa, el hombre,* lee el recurso que la acompaña y contesta a las preguntas.

   a ¿Qué tienes en común con el Papa tú, como cristiano? ¿Qué te diferencia de él? Razona tu respuesta. **b** Después de ver las escenas de la película, ¿cuál dirías que es la misión del Papa? **c** ¿Qué cualidades de Juan Pablo II subrayan estas escenas? ¿Qué cualidades destacarías del Papa actual?

7. CD CC En grupos de tres alumnos, preparad una entrevista a un sacerdote. En ella, debe explicar su vocación y su misión particular dentro de la Iglesia. Seguid estas pautas.

   a Tenéis que hacer unas preguntas previas que ayuden a centrar el tema. No olvidéis que, a partir de las respuestas, quien escuche o lea la entrevista deberá ser capaz de conocer los rasgos principales, y el contexto sociocultural y espiritual del entrevistado.
   b Podéis preguntar sobre aspectos personales de su vida y su carácter. Tened en cuenta que estas cuestiones son muy personales y que se deben tratar con delicadeza.
   c Hay que formular cuestiones que ayuden al entrevistado a presentar conclusiones sobre el tema de la entrevista: su vocación sacerdotal.

8. CA A partir de lo que has estudiado, ¿qué sentido tiene esta afirmación: «Porque creo en Jesús, creo en la Iglesia»?

9. CD Ved el fragmento del documental *La última cima* y realizad las siguientes actividades.

   a En grupo, elaborad un esquema con los aspectos que más se han valorado de la vida y en la acción pastoral del sacerdote protagonista.
   b Reflexionad y enunciad las razones que justifican que la Iglesia católica pida el celibato a los candidatos al sacerdocio (para ayudaros, podéis leer los n.os 1579 y 1618-1620 del CEC).

8 La civilización del amor

interpretamos

1. ¿Por qué la doctora Kendricks y el sacerdote se niegan a abandonar la misión?
2. ¿Actualmente existe en el mundo el drama que refleja la película?
3. ¿Por qué la Iglesia y los cristianos se comprometen con los más desfavorecidos?

La familia de Jesús

1. El cielo en la Tierra

info

La misión de la Iglesia

«La misión propia que Cristo confió a su Iglesia no es de orden político, económico o social. El fin que le asignó es de orden religioso. Pero precisamente de esta misma misión religiosa derivan funciones, luces y energías que pueden servir para establecer y consolidar la comunidad humana según la ley divina» (Gaudium et spes, n.° 42).

Los seres humanos vivimos en sociedad. Todos formamos parte de un grupo social: un país, un pueblo, un barrio…, y en él encontramos un lugar para satisfacer nuestras necesidades y, a la vez, colmar nuestros anhelos y deseos. Esta dimensión del ser humano es la sociabilidad: la persona es, por naturaleza, un **ser social.**

Vivimos en sociedad, pero ¿qué lugar ocupamos en ella? ¿Qué nos une al resto de nuestros conciudadanos? ¿Son posibles la paz y la justicia? De las respuestas a estas preguntas depende, en gran parte, el sentido que demos a nuestra vida.

El cristiano sabe que Dios ha acudido en ayuda del hombre y que su plan salvador es también un plan de justicia, paz y fraternidad. Esto es así porque la Redención que Jesús ha obrado, alcanza al hombre en todas sus dimensiones: corporal y espiritual, y en su relación social con los demás.

La Iglesia —fiel al mandato y a las enseñanzas de Cristo— busca ayudar a cada persona en su camino de Salvación. Y esta misión incluye a la comunidad de los hombres y los problemas relacionados con ella. La labor evangelizadora de la Iglesia tiene, por lo tanto, dos vertientes que no se pueden separar:

- La **transmisión del mensaje de Jesús y de su obra salvadora,** especialmente mediante la predicación de la Palabra de Dios y la administración de los sacramentos.
- La **promoción humana, personal y social.** La evangelización incluye la mejora de la vida concreta de las personas, promoviendo el **bien común,** la justicia y la solidaridad. Así lo testimonia, por ejemplo, la labor que realizan organizaciones como Cáritas o Manos Unidas.

Muchas veces, la Iglesia se presenta como el último refugio para las personas desfavorecidas. La labor social que han desempeñado cientos de instituciones eclesiásticas a lo largo de los siglos y en la actualidad, así lo atestigua.

La transformación del mundo se presenta también como una tarea fundamental del cristiano.

actividades

1. Explica con tus palabras las dos vertientes que constituyen la misión única que Jesús confió a su Iglesia.
2. Corrige las siguientes afirmaciones.
   a La sociabilidad humana significa que necesitamos de los demás para cubrir nuestras necesidades materiales. **b** La misión de la Iglesia se limita a la predicación de la Palabra de Dios y la administración de los sacramentos **c** La Redención que Jesús ha obrado alcanza al alma espiritual del hombre.
3. CS CL ¿Conoces a alguna persona o alguna institución eclesiástica que trabaje para mejorar la vida concreta de las personas? Explica a tus compañeros la labor que realiza.

2. Fecundar la sociedad con el Evangelio

2.1. «No ha venido a ser servido, sino a servir»

La Iglesia no busca nada para sí misma: como el Maestro, *no ha venido a ser servido, sino a servir y dar su vida en rescate por muchos* (Mc 10, 45). Y viviendo en el mundo, tiene el deber de ser luz para la comunidad de los seres humanos, mostrar que la vida en sociedad tiene un sentido y que el amor es posible.

Las enseñanzas sociales de la Iglesia brotan de una atenta reflexión sobre las complejas realidades de la vida del hombre a la luz de la fe. No trata de ofrecer una doctrina económica ni una ideología política; el único fin de su Doctrina Social es proponer el marco humano y evangélico que permita **renovar la sociedad y sus estructuras.**

La **Doctrina Social de la Iglesia (DSI)** es la aplicación concreta del Evangelio a la vida social, fundamentada en la **dignidad humana*.** De aquí surgen una serie de principios que orientan su dimensión social, laboral y política.

¿Por qué una Doctrina Social? Porque la misión de la Iglesia, la evangelización, está dirigida al hombre de nuestro tiempo, aquí y ahora, con sus circunstancias personales, con sus problemas sociales y económicos.

Esta preocupación ha sido constante en la Iglesia desde sus inicios, si bien tuvo un hito importante en 1891, cuando el papa **León XIII** publicó la encíclica *Rerum novarum.* Con la llamada Revolución Industrial, se sucedieron profundos cambios sociales y económicos. Entonces, la Iglesia comenzó a desarrollar una doctrina que fuera capaz de dar respuesta a nuevos problemas: el trabajo y los derechos laborales, el derecho a la propiedad, etcétera.

Desde ese momento, se han publicado numerosos documentos de Doctrina Social en los que se actualiza la **aplicación de las enseñanzas de Jesucristo** a los problemas sociales del cada época.

PDF **Textos del Compendio de la DSI.**

«La revelación cristiana proyecta una luz nueva sobre la identidad, la vocación y el destino último de la persona y del género humano» (Compendio de la DSI, n.º 35).

Vocabulario

Dignidad humana: cualidad de la persona humana en cuanto que ser racional y libre que posee, por sí mismo, desde su concepción.

actividades

4. Señala los enunciados correctos.

a La Iglesia no tiene nada que decir en materia económica, política y social. **b** La persona humana es el fin de la moral social. **c** La Doctrina Social de la Iglesia se remonta a las enseñanzas de Jesús. **d** La finalidad de la DSI es construir una sociedad perfecta en la Tierra.

5. ¿Cuál es el origen de las enseñanzas de la Iglesia sobre moral social? ¿Y de la moderna Doctrina Social de la Iglesia?

6. CL ¿Qué es la Doctrina Social de la Iglesia? Defínela con tus palabras.

info

La dignidad de la mujer

«Cuando las mujeres tienen la posibilidad de transmitir plenamente sus dones a toda la comunidad, cambia positivamente el mismo modo de comprenderse y organizarse la sociedad. [...] Esta es la premisa más valiosa para la consolidación de una paz auténtica. [...] Las mujeres tienen pleno derecho a insertarse activamente en todos los ámbitos públicos y su derecho debe ser afirmado y protegido incluso por medio de instrumentos legales donde se considere necesario» (Juan Pablo II, Mensaje para la XXVIII Jornada Mundial de la Paz, n.° 9).

2.2. «Dios no hace acepción de personas»

El ser humano, imagen de Dios, está dotado de inteligencia y voluntad, y su más alta vocación es el amor. De aquí deriva la **igual dignidad** de todas las personas. Digno es aquello que tiene un gran valor y, por tanto, se aprecia y respeta. De esta dignidad brotan algunas consecuencias para las relaciones humanas y sociales:

- El mundo material es el lugar en el que el hombre se realiza. El ser humano es una **unidad de cuerpo y alma;** ambas dimensiones participan, por tanto, de su dignidad. Gracias a su cuerpo, la persona humana se inserta en el mundo y es en él donde despliega su libertad. Su dignidad personal requiere, por lo tanto, unas **condiciones materiales** suficientes.
- Se ha de **respetar y garantizar la libertad** de todo ser humano. Dios mismo ha querido que el hombre se adhiera libremente a él y que, en consecuencia, actúe de forma activa y responsable.

  El ser humano nunca se puede utilizar como medio para conseguir un fin. Dotado de un alma espiritual, se sabe superior al mundo material, único e irrepetible: el hombre es la única criatura a la que Dios ha amado por sí misma (*Gaudium et spes*, n.° 24).
- **La persona debe considerar al prójimo como otro yo.** La dignidad del ser humano exige el compromiso de cada uno con el bien de los otros.
- **El orden social tiene que estar subordinado al bien de la persona.** Solo se puede construir una sociedad justa si en ella se respeta a todas las personas, especialmente desde las instituciones políticas y sociales.

De la dignidad de la persona nacen diversos **derechos fundamentales,** comunes a todos, por el simple hecho de existir. Se llaman derechos humanos y no dependen de la voluntad humana ni de su reconocimiento por parte de una sociedad; tienen su raíz en la naturaleza del hombre mismo y en Dios. Por eso, estos derechos son **universales, inviolables** e **inalienables.**

PDF **La Iglesia y los derechos humanos.**

actividades

7. Enuncia, en un máximo de cinco líneas, cinco consecuencias que se derivan de la dignidad del ser humano para las relaciones humanas y sociales.

8. CL Ordena el siguiente texto bíblico (Gál 3, 28) y explica con tus palabras el mensaje que transmite.
libre, hombre y mujer, / No hay judío y griego, / sois uno en Cristo Jesús. / esclavo y / porque todos vosotros

9. CS Cita algunos derechos fundamentales de la persona humana. ¿Se respetan en nuestra sociedad? Justifica tu respuesta.

3. La sociabilidad humana

3.1. Bien común y subsidiariedad

La persona, en su búsqueda del bien y la felicidad, no puede prescindir de los demás. Solo la actuación conjunta permite su logro: la persona se perfecciona al actuar con los demás y para los demás. Por eso, la sociedad se puede definir como la unión de varios seres humanos que colaboran de una manera estable en la consecución del bien común.

Se entiende por **bien común*** el conjunto de condiciones de la vida social que permiten a las personas conseguir su propia perfección con más plenitud y facilidad (*Gaudium et spes*, n.º 26). De ahí que no sea posible una sociedad sana en la que no se respete a las personas y sus derechos fundamentales.

Este bien común atañe, por ejemplo, a la legítima organización de los poderes del Estado o a la tutela de la legítima libertad de pensamiento y religión. Tampoco se puede olvidar la «**cooperación internacional,** en vistas del bien común de la humanidad entera» (Compendio de la DSI, n.º 166).

Asimismo, el Estado debe promocionar el bien común. Esto no significa que deba hacerse cargo de todas las acciones que lo promueven. La persona tiene el derecho de poder asociarse libremente y desarrollar iniciativas concretas que acrecienten el bien común. Este principio se denomina **subsidiariedad:** lo que puedan llevar a cabo los individuos y los grupos de la sociedad, no debe hacerlo una instancia superior.

Existen **asociaciones naturales** (como la familia) o **convencionales** (como una empresa o un partido político). El Estado debe respetar y favorecer la labor de esos grupos. Cualquier persona o asociación tiene algo original que ofrecer a la comunidad. Solo cuando estos grupos no puedan asumir las iniciativas que aseguren la igualdad, la justicia y la paz, el Estado suplirá su función.

info

Mártir de la justicia social

La defensa de la dignidad de los más desposeídos y una encendida exposición de la DSI llevaron a monseñor Óscar Romero (1917-1980) al martirio. Sus homilías iluminaban, a la luz del Evangelio, los difíciles acontecimientos de El Salvador. Por eso, empezó a recibir amenazas de muerte. Fue asesinado mientras oficiaba la Santa Misa. El día anterior, insistió: «No es el hombre para el Estado sino el Estado para el hombre. [...] Todo hombre y mujer tienen en sí una nobleza inviolable que ellos mismos y los demás deben respetar y hacer respetar sin condiciones».

PDF

vocabulario

Bien común: conjunto de condiciones de la vida social que permite a las comunidades y a cada uno de sus miembros conseguir plenamente su propia perfección.

actividades

10. Completa los siguientes enunciados.

a La persona se perfecciona al actuar [...] los demás y [...] los demás. **b** El bien [...] el conjunto de [...] de la vida [...] que permiten a las personas conseguir su propia [...] con más plenitud y facilidad **c** El principio de [...] señala que lo que puedan llevar a cabo los [...] y los grupos de la [...], no debe hacerlo una instancia [...].

11. CS **Pon dos ejemplos concretos de condiciones de la vida social que formen parte del bien común y otros dos de iniciativas concretas que puedan realizar la familia o una asociación convencional.**

3.2. Justicia social y solidaridad

Junto al principio del bien común, la Iglesia enuncia otro principio que lo complementa: el **destino universal de los bienes.** «Dios ha dado la tierra a todo el género humano para que ella sustente a todos sus habitantes, sin excluir a nadie ni privilegiar a ninguno» (Compendio de la DSI, n.º 171). Toda persona tiene el **derecho natural** al acceso y uso de los bienes necesarios para disfrutar de una vida digna.

La **justicia social** se produce cuando en una sociedad se garantizan las condiciones que permiten a las personas y a las asociaciones conseguir aquello que les corresponde por derecho.

¿Es legítima, entonces, la **propiedad privada**? Sí, como una expresión de la autonomía personal y familiar, pero subordinada a la dignidad de la persona humana y a la consecución del bien común.

La absolutización del principio de propiedad privada deriva en un capitalismo ciego en el que las personas son esclavas de los bienes materiales y de sus propietarios. Por el contrario, la negación de este principio conduce al totalitarismo, que niega la dignidad del individuo, de la libertad personal y de su legítima autonomía.

Este principio exige, por lo tanto, una **especial solicitud y cuidado de los pobres** y necesitados, cualquiera que sea su origen. Hablamos entonces de **solidaridad*.** Esta es una virtud que responde a la toma de conciencia de la injusticia que está presente en la sociedad, y a las acciones concretas para restablecer la justicia, tal y como exige el bien común.

En el mensaje cristiano, y siguiendo el modelo de **Jesús de Nazaret,** la solidaridad se enriquece con la **caridad.** A la simple justicia social se añade el amor: el prójimo no es solo un ser humano, sino imagen de Dios y hermano nuestro en Cristo.

info

No a una economía de la exclusión

«Hoy tenemos que decir no a una economía de la exclusión y la inequidad. Esa economía mata. No puede ser que no sea noticia que muere de frío un anciano en situación de calle y que sí lo sea una caída de dos puntos en la bolsa. Eso es exclusión. No se puede tolerar más que se tire comida cuando hay gente que pasa hambre. Eso es inequidad. [...] Se considera al ser humano en sí mismo como un bien de consumo, que se puede usar y luego tirar» (Evangelii gaudium, n.º 53).

El trabajo infantil.

La Iglesia es solidaria con cada hombre y cada mujer de cualquier lugar y tiempo.

vocabulario

Solidaridad: virtud eminentemente cristiana que demanda la comunicación de bienes espirituales y materiales entre todos los hombres, de distintos pueblos y culturas. Impele a los hombres a ayudarse unos a otros en las necesidades.

actividades

12. CD CS Mira el video sobre el trabajo infantil que aparece como recurso en esta página, y haz una valoración personal sobre sus causas y consecuencias.

13. Ordena el siguiente texto.

bajo la guía de la justicia y de la caridad. / El camino para lograrlo no es dejarse cautivar / deben llegar a todos de una forma equitativa / sino reconstruir el sistema económico sobre bases morales, / por ideologías políticas, / Los bienes creados

14. Explica, poniendo ejemplos concretos, qué diferencia existe entre solidaridad y caridad.

4. La familia, célula base de la sociedad

Todos nacemos en una familia; la construcción de la civilización del amor empieza en ella, en esta sociedad en pequeño. La familia es la unión estable de padres e hijos para la plena y cotidiana convivencia, con el objetivo de alcanzar el **bien integral** de sus miembros.

La familia es nuestra **primera comunidad humana,** en la que nacemos. En ella se nos ama por lo que somos, no por lo que tenemos; aprendemos a amar y a ser amados, a vivir y a relacionarnos con los demás. Las relaciones y obligaciones familiares no derivan de un contrato, sino de la esencia misma de la naturaleza del hombre. La familia es la primera sociedad natural, titular de **derechos propios** y **centro de la vida social.**

La familia en la que nacemos es nuestra primera sociedad natural. En ella aprendemos a relacionarnos y a que se nos quiera por lo que somos.

Esta primera sociedad se basa en el **matrimonio,** la unión estable entre un hombre y una mujer. Son tres las características principales de un matrimonio, fundamento de la familia y la sociedad: la **unidad,** que hace a hombre y mujer una sola carne (Gén 2, 24); la **indisolubilidad** y la **fidelidad,** que brota de la donación recíproca y definitiva, y la procreación de los hijos y su educación.

La sociedad y, en especial, los poderes públicos, han de garantizar y favorecer, con acciones concretas, los valores y derechos de la familia. Deben, por tanto, apoyar la convivencia familiar, la libertad de elección en la educación de los hijos y el respeto a la vida naciente (Compendio de la DSI, n.º 253).

La familia es también una **célula base de la Iglesia,** la cual es también, a su modo, una sociedad. Por eso se la llama Iglesia doméstica. La acción social de la Iglesia también está dirigida a cuidar, proteger y promover la vida de familia.

actividades

15. CS Reflexiona y pon ejemplos de acciones concretas que el Estado puede realizar para garantizar y favorecer los valores y los derechos de la familia.

16. ¿Por qué crees que se denomina *Iglesia doméstica* a la familia?

17. CS ¿Qué enunciados son verdaderos? Justifica tu respuesta.

a La educación de los hijos es una responsabilidad de los padres y, solo subsidiariamente, del Estado. **b** El Estado no tiene el deber de proteger legalmente la vida de los no nacidos. **c** Hay que distinguir el matrimonio de otro tipo de uniones o convivencias.

5. La misión del cristiano

5.1. La acción del cristiano

La fe del cristiano en una vida futura bienaventurada y en el cumplimiento definitivo del Reino de Dios no elimina su interés por el mundo presente. La esperanza cristiana no consiste en esperar pasivamente la llegada del mundo futuro mientras se observa el presente con mirada indiferente.

En general, procuramos estar bien, cuidamos de nuestra salud, evitamos la sed y el dolor… La propuesta que nos hace Jesús es que prestemos a los demás, no solo el mismo grado de atención que nos procuramos a nosotros mismos, sino también que los amemos como él nos ha amado (Jn 13, 34). Él, que es perfecto Dios y perfecto hombre, nos pide que demos a los demás un amor perfecto.

El amor de la Iglesia y de cada cristiano a los demás y, especialmente, a los más necesitados, está inspirado en el **Evangelio de las Bienaventuranzas,** en la pobreza de Jesús y en su atención a los desfavorecidos. Él enseñó que la verdadera justicia siempre está llena de misericordia. Por lo tanto, no basta solo la justicia: también se debe vivir la caridad.

Las **obras de misericordia** son acciones de caridad mediante las cuales ayudamos a nuestro prójimo en sus necesidades corporales y espirituales.

Obras de misericordia

Corporales	Espirituales
1. Visitar y cuidar a los enfermos.	1. Enseñar al que no sabe.
2. Dar de comer al hambriento.	2. Dar buen consejo al que lo necesita.
3. Dar de beber al sediento.	3. Corregir al que yerra.
4. Dar posada al peregrino.	4. Perdonar las injurias.
5. Vestir al desnudo.	5. Consolar al triste.
6. Redimir al cautivo.	6. Sufrir con paciencia los defectos del prójimo.
7. Enterrar a los muertos.	7. Rogar a Dios por los vivos y los difuntos.

info

La eternidad está en el tiempo

«Se equivocan los cristianos que, pretextando que no tenemos aquí ciudad permanente, pues buscamos la futura, consideran que pueden descuidar las tareas temporales, sin darse cuenta de que la propia fe es un motivo que los obliga al más perfecto cumplimiento de todas ellas según la vocación personal de cada uno» (Gaudium et spes, n.° 43).

Los cristianos en la sociedad.

A través de las obras de misericordia, ayudamos a los demás en sus necesidades corporales y espirituales.

actividades

18. ¿Dónde se inspira el amor de la Iglesia y de los cristianos por los pobres?

19. Escribe correctamente las siguientes obras de misericordia corporales.

a Hablar a los que yerran. **b** Dar de comer al peregrino. **c** Consolar al sediento. **d** Rezar por los difuntos. **e** Redimir al enfermo. **f** Dar posada al cautivo. **g** Visitar a los muertos.

20. Escribe las obras de misericordia espirituales que faltan.

a Enseñar al que no sabe. **b** […]. **c** […]. **d** Perdonar las injurias. **e** Consolar al triste. **f** […]. **g** Rogar a Dios por los vivos y los difuntos.

5.2. La fe exige compromiso

La caridad y el amor al prójimo comienzan con el servicio a aquel que está a nuestro lado, pero no se puede limitar a eso. La fe exige el compromiso del cristiano en la construcción de la sociedad. La aportación de los cristianos a la mejora de la sociedad debe ser expresión de su cooperación en la **tarea evangelizadora** de la Iglesia. El mandato de Cristo de anunciar el Evangelio a todos los pueblos (Mt 28, 19-20) incumbe a todos los bautizados.

Los cristianos forman parte de la sociedad de su país y, como a los demás ciudadanos, les interesa que en el mundo haya más justicia, que desaparezcan el hambre y la violencia, etc. Si somos portadores del amor de Dios, entonces no podemos desentendernos de ningún sufrimiento humano.

El cristiano debe orientar su acción a la mejora de la convivencia entre las personas y a llenar el mundo de paz, justicia y libertad. Los bautizados, de manera libre y responsable, han de esforzarse para que la Doctrina Social de Jesús inspire las relaciones sociales, políticas y económicas.

info

Los herederos del Reino

Entonces dirá el rey a los de su derecha: «Venid vosotros, benditos de mi Padre; heredad el Reino preparado para vosotros desde la Creación del mundo. Porque tuve hambre y me disteis de comer, tuve sed y me disteis de beber» [...] *Entonces los justos le contestarán: «Señor, ¿cuándo te vimos con hambre y te alimentamos, o con sed y te dimos de beber?»;* [...] *Y el rey les dirá: «En verdad os digo que cada vez que lo hicisteis con uno de estos, mis hermanos más pequeños, conmigo lo hicisteis»* (Mt 25, 34-35.37.40).

Ahora bien, ¿de qué sirve el esfuerzo por mejorar el mundo presente si, después, todo pasará? De algún modo, el interés por transformar el mundo en un lugar más justo y fraterno estará presente en esa **nueva Creación,** en ese cielo nuevo y esa Tierra nueva que nos espera.

No es que la **plenitud del Reino de Dios** sea el resultado directo del esfuerzo que hacen los hombres, pero el bien que hayamos sembrado en la Tierra, lo obtendremos transformado en el cielo. Del mismo modo, las injusticias cometidas en la historia tampoco quedarán impunes ante la justicia de Dios y la vista de los hombres. Es, pues, en el tiempo presente y no en otro cuando debemos colaborar en el establecimiento del Reino de Dios.

«No es posible amar al prójimo como a sí mismo [...] sin la firme y constante determinación de esforzarse por lograr el bien de todos y de cada uno» (Compendio de la DSI, n.º 43).

actividades

21. CS ¿Cuáles son los principales problemas morales de la sociedad actual, que los cristianos debemos contribuir a solucionar?

22. CS Pensad y debatid sobre esta cuestión: ¿por qué la fe cristiana exige el compromiso en la construcción de una sociedad más justa? ¿Cómo puedes tú cooperar en esta gran tarea?

23. CS CD Busca en Internet una declaración del papa Francisco sobre el compromiso social de los jóvenes y coméntala.

fe y vida

El padre Hurtado, considerado el patrono de los trabajadores en Chile, dedicó su vida a la defensa de los pobres y los trabajadores.

«No descanses mientras haya un dolor que mitigar»

A lo largo de la historia, encontramos el testimonio de personas que nos enseñan que es posible una convivencia basada en la verdad y el bien. Es el caso de **Alberto Hurtado,** conocido popularmente como padre Hurtado. Fue un hombre sencillo, nacido en 1901 en Viña del Mar (Chile), que hizo de su vida una entrega en favor de las personas más necesitadas.

Cuando sintió la llamada de Dios, se ordenó sacerdote. Si algo lo definió como persona y como cristiano, fue que supo estar cerca de quien necesitaba cualquier tipo de ayuda. De hecho, su vida se resume en «el deseo de hacer el bien, siempre el bien, de socorrer a los desgraciados. Doloroso conflicto de una doble búsqueda: la del plan de Dios que debemos realizar en nuestros hermanos y la búsqueda del mismo Dios que deseamos contemplar y amar; conflicto doloroso que no puede resolverse sino en el amor que es indivisible».

Su amor al prójimo lo llevó a fundar el Hogar de Cristo, una casa de acogida para gente sin recursos. El lema de su vida fue: «No descanses mientras haya un dolor que mitigar».

En 1947 fundó la Acción Sindical Chilena, con el objetivo de promover un sindicalismo inspirado en el Evangelio. En 1951 creó la revista *Mensaje*, voz de los jesuitas chilenos a través de la cual se dedicó a dar a conocer la Doctrina Social de la Iglesia.

Alberto Hurtado murió en 1952. El papa Benedicto XVI lo declaró santo en octubre de 2005. En Chile se le considera el patrono de los trabajadores.

mejora tus competencias

1. CL CS **Busca en los periódicos de esta semana una noticia relacionada con algún tema tratado en la unidad (solidaridad, justicia, paz, etc.) y realiza las siguientes actividades.**

a Compara el tratamiento que se da a esa noticia en los diferentes medios de comunicación. Valora los elementos negativos y positivos que se ofrecen.

b Indica los principios de la Doctrina Social de la Iglesia que se deberían tener en cuenta para una posible solución a ese asunto.

2. CD CS **Haz una búsqueda en Internet y elabora una lista de, al menos, tres documentos del Magisterio de la Iglesia en los que expongas algún aspecto de su Doctrina Social. Incluye en la lista:**

a El Papa o concilio que lo elaboró y el año en que se publicó.

b Los problemas sociales que trata cada uno de ellos.

c Una breve justificación sobre la conveniencia del tema que se trata en cada uno, en relación con los problemas sociales de la época en que se publicó.

fe y cultura

No explotarás a tu prójimo ni le robarás. No dormirá contigo hasta la mañana siguiente el jornal del obrero (Lev 19, 13).

La Iglesia y el trabajo

La Doctrina Social de la Iglesia destaca la importancia del trabajo humano. Se pueden destacar tres hitos importantes.

El primero es la publicación de la encíclica *Rerum novarum* (1891) por el papa **León XIII.** En esta época, la Revolución Industrial transformó el mundo laboral. Las fábricas necesitaban un elevado número de trabajadores. La prioridad era la producción y los obreros estaban sometidos a prolongadas jornadas de trabajo, los salarios eran bajísimos, se empleaba a niños, las mujeres estaban peor remuneradas que los hombres, las fábricas eran insalubres... En este ambiente surgieron los sindicatos, para defender a los trabajadores.

El Papa, preocupado por estos graves problemas, expuso en su encíclica los principios que pueden orientar las relaciones surgidas en este nuevo ámbito. Enumeraba los errores y abusos del capitalismo salvaje, y excluía la lucha de clases como solución al problema. Establecía que los sindicatos son legítimos como defensores de los derechos de los trabajadores, la justicia social y el bien común, pero nunca para alentar el enfrentamiento entre clases sociales.

Otro hito importante fue la celebración, entre 1962 y 1965, del **Concilio Vaticano II.** Fue un esfuerzo por aproximarse al mundo actual y acercar el mundo actual a Dios y a su plan de Salvación. En uno de sus documentos, *Gaudium et spes*, se insiste en el valor divino del trabajo diario: «El Hijo de Dios [...] trabajó con manos de hombre, pensó con inteligencia de hombre, obró con voluntad de hombre, amó con corazón de hombre. [...] Eligió la vida propia de un trabajador de su tiempo y de su tierra» (n.os 22 y 32).

En tercer lugar, puede destacarse la publicación de la encíclica *Laborem exercens* (1981) de **san Juan Pablo II.** Este documento resalta la dignidad del trabajo. En él se recuerda el designio del Creador: *llenad la Tierra y sometedla* (Gén 1, 28), como un bien para toda la humanidad. Asimismo, el Papa reitera que el trabajo es una cooperación con el plan del Creador, pero nunca el abuso de unos sobre otros. Y subraya, por fin, la necesidad de que la justicia social se perfeccione por la caridad.

mejora tus competencias

3. CD CS Después de ver las escenas seleccionadas de *Tiempos modernos*, consultad el documento que se presenta como recurso y organizad un debate en clase. Podéis orientaros respondiendo a las siguientes cuestiones.

a ¿Qué se critica en la película? ¿Por qué? ¿Se puede aplicar de algún modo a nuestra realidad social?

b Comparad la imagen y la actividad del trabajador con las del empresario. ¿El trabajo de ambos es acorde con lo que se trata en esta unidad?

c ¿De qué modo puede el trabajador ayudar al pleno desarrollo de las personas que lo rodean y al progreso de la sociedad? ¿Y el empresario?

d El protagonista de esta película acaba liderando una manifestación que termina en confrontación. ¿El enfrentamiento es la posición justa? ¿En qué sentido las manifestaciones sirven a la justicia social y los sindicatos la defienden?

síntesis

LA CIVILIZACIÓN DEL AMOR

La misión de la Iglesia de hacer presente a Cristo en el mundo, incluye la promoción humana, personal y social

- Esta ha sido una preocupación constante desde sus inicios
- Un hito importante es la publicación de la encíclica *Rerum novarum,* de León XIII (1891)
- La Iglesia desarrolla una doctrina que pueda dar respuesta a los nuevos problemas que presenta el mundo contemporáneo

La Doctrina Social de la Iglesia es la aplicación concreta del Evangelio a la vida social

- Se fundamenta en la dignidad humana
- Esta dignidad requiere:
  - Unas condiciones materiales suficientes
  - El respeto a la libertad de todo ser humano
  - La consideración del prójimo como otro yo
  - La subordinación del orden social al bien de la persona
- Se han de garantizar y favorecer los derechos de la familia como primera sociedad natural y centro de la vida social

La fe exige el compromiso del cristiano en la construcción de la sociedad

- La acción del cristiano se inspira en el Evangelio de las Bienaventuranzas
- Se realiza a través de las obras de misericordia
- Mediante:
  - El compromiso con la justicia social y el bien común
  - La aplicación de los principios de subsidiariedad y solidaridad
  - El respeto a la propiedad privada, subordinada al destino universal de los bienes

si me preguntan, qué respondo

¿Cuál es el centro de la Doctrina Social de la Iglesia?

El centro de la Doctrina Social de la Iglesia es la dignidad de la persona humana y los derechos fundamentales del hombre (Compendio del CEC, n.° 107).

¿Por qué el hombre es el autor, el centro y el fin de la vida social?

El hombre es el autor, el centro y el fin de la vida social porque tanto la economía como la política deben estar dirigidas a dignificar a la persona y la vida humana (Compendio del CEC, n.° 511).

¿Cómo participa el hombre en la realización del bien común?

Todo hombre participa en la realización del bien común respetando unas leyes justas, cuidando la propia familia, con el compromiso en el propio trabajo, y participando activamente en la vida pública, en la medida en que le sea posible (Compendio del CEC, n.° 410).

¿Cómo se expresa la solidaridad humana?

La solidaridad se expresa, ante todo, en la justa distribución de los bienes, la equitativa retribución del trabajo y el esfuerzo a favor de un orden social más justo. Es importante que esta virtud se realice también en la comunicación de los bienes espirituales de la fe (Compendio del CEC, n.° 414).

actividades

1. CS ¿El mandamiento cristiano del Amor debe tener consecuencias en el ámbito social? Razona tu respuesta y enuncia algunas consecuencias prácticas.

2. CS CL Formad grupos de tres o cuatro alumnos e investigad sobre alguna institución u organización de la Iglesia de vuestro entorno, que se dedique a una labor social. Después, realizad las siguientes actividades.

a Redactad un breve informe sobre esa organización. Podéis responder a estas cuestiones: ¿cuál es el objetivo de la organización?, ¿cómo se financia?, ¿qué tipo de voluntarios colaboran en ella? Haced una valoración personal.

b Entrevistad a alguna persona que trabaje en ella para saber qué labores concretas realiza y qué valores del Evangelio aplica en el día a día. Recordad que, en una entrevista, las preguntas se deben preparar con antelación.

c Exponed el trabajo en el aula. Podéis presentar la entrevista grabada, resumirla o invitar al entrevistado, para que comparta sus experiencias con los compañeros.

3. Corrige los siguientes enunciados y explica en qué consiste la incorrección en cada caso.

a Cada persona se salva en solitario, aunque necesita a los demás para lograr los bienes materiales básicos.

b La Iglesia promueve la justicia en el mundo, aunque esa no sea su misión.

c La persona forma parte de un sistema social y debe someterse a él.

4. CA La Iglesia es una institución religiosa y, por lo tanto, debe mantener sus enseñanzas en el ámbito de lo religioso, sin inmiscuirse en cuestiones de índole económica, social o política. ¿Te parece válido este argumento? ¿Por qué?

5. Explica por qué la civilización del amor empieza en la familia.

6. CA Formad grupos, consultad los siguientes pasajes bíblicos y señalad la actitud de Jesús respecto a la mujer: Lc 7, 36-50; Jn 8, 1-11 y Mc 5, 25-34. Reflexionad y extraed una conclusión.

7. Marca las respuestas correctas. ¿De qué sirve el esfuerzo por mejorar el mundo presente?

a Ayuda a construir el paraíso en la Tierra. **b** Permite confiar en las posibilidades que tiene el hombre de realizarse a sí mismo. **c** No sirve para nada. **d** Ese esfuerzo estará presente, de alguna manera, en el futuro Reino de Dios.

8. CS Formad grupos, leed este texto del papa san Gregorio Magno (siglo VI) y realizad las siguientes actividades.

> «Cuando damos a los pobres las cosas indispensables no les hacemos liberalidades personales, sino que les devolvemos lo que es suyo. Más que realizar un acto de caridad, lo que hacemos es cumplir un deber de justicia».

a ¿Qué significa la idea de que dar lo indispensable al pobre no es un acto de caridad, sino de justicia?

b ¿De qué tipo de justicia se habla?

c Poned un ejemplo de cada uno de estos pecados: **1** Robo. **2** Usura. **3** Plagio. **4** Corrupción. **5** Especulación. **6** Daño injusto.

ANEXO 1

¿Cómo se cita la Biblia?

¿Qué es una cita bíblica?

Cada libro de la Biblia está dividido en capítulos y cada capítulo está dividido en versículos. El inicio de cada capítulo se señala con un número grande; el inicio de cada versículo se marca con un número pequeño y elevado sobre el texto.

Una cita bíblica es una combinación de letras, números y signos de puntuación que hace referencia a un pasaje bíblico determinado. Veamos un ejemplo de una cita sencilla.

1

Primero hemos de encontrar el **LIBRO** en el que se halla el pasaje que estamos buscando. En este caso, es la vocación de los primeros apóstoles en el evangelio de san Marcos.

Para facilitar el trabajo, existe un sistema de abreviaturas. De esta forma, **Mc** es el evangelio de san Marcos.

2

Cada libro está dividido en secciones a las que denominamos **CAPÍTULOS.**

La vocación de los apóstoles se narra en el capítulo 1 de Marcos: **Mc 1.**

Marcos 1, 16-20

1 16 Pasando junto al mar de Galilea, vio a Simón y a Andrés, hermano de Simón, echando las redes en el mar, pues eran pescadores. 17 Jesús les dijo: «Venid en pos de mí y os haré pescadores de hombres». 18 Inmediatamente dejaron las redes y lo siguieron. 19 Un poco más adelante vio a Santiago, el de Zebedeo, y a su hermano Juan, que estaban en la barca repasando las redes. 20 A continuación los llamó, dejaron a su padre Zebedeo en la barca con los jornaleros y se marcharon en pos de él.

3

Los capítulos están divididos en **VERSÍCULOS.**

Cada versículo, dentro de un capítulo, tiene un número. El versículo se separa del capítulo por una coma. Después de la coma, el número indica siempre un versículo. Por ejemplo, **Mc 1, 20** se leería así: Marcos, capítulo uno, versículo veinte.

4

El **GUION** indica los versículos que se quieren localizar. En nuestro caso, queremos encontrar los versículos 16 al 20. Por lo tanto, la referencia completa es: **Mc 1, 16-20.**

¿Cómo se localiza una cita bíblica?

Por ejemplo, para localizar **Gén 3, 4-6,** se busca primero el libro (Gén: Génesis), luego el capítulo (capítulo 3) y, finalmente, los versículos (versículos 4 al 6).

ELEMENTOS DE LAS CITAS	EJEMPLOS
Siglas del libro Abreviaturas de los nombres de los libros de la Biblia.	**Éx** Éxodo
Número de libro Cuando varios libros tienen el mismo título, se distinguen con un número que se escribe antes de la sigla del libro.	**2 Sam** Segundo libro de Samuel
Capítulos Partes en las que se dividen los libros. El número del capítulo se escribe después de la sigla del libro.	**Ez 1** Ezequiel, capítulo 1
Versículos Partes en las que se dividen los capítulos. El número del versículo se escribe después del número del capítulo, separándolo con una coma.	**Is 4, 3** Isaías, capítulo 4, versículo 3
Letras *a, b, c* Partes en las que se pueden dividir los versículos. Se escriben después de los números de los versículos.	**Gén 2, 4b** Génesis, capítulo 2, versículo 4, segunda parte
Letra *s* Significa «y siguientes».	**Sal 8, 5s** Salmos, capítulo 8, versículo 5 y siguientes, hasta terminar el capítulo
Coma Separa el capítulo del versículo.	**Lc 3, 1** Lucas, capítulo 3, versículo 1
Guion Indica qué versículos incluye la cita.	**Jn 13, 1-7** Juan, capítulo 13, versículo 1 al versículo 7
Punto Significa «y».	**Gén 3, 1.9** Génesis, capítulo 3, versículos 1 y 9
Punto y coma Separa una cita de otra.	**Mt 2, 4; Mc 1, 10; 12, 3** Mateo, capítulo 2, versículo 4; Marcos, capítulo 1, versículo 10 y capítulo 12, versículo 3

ANEXO 2

Abreviaturas

Abreviaturas

ABREVIATURAS DE LOS LIBROS DE LA BIBLIA

ANTIGUO TESTAMENTO

Pentateuco	
Génesis	Gén
Éxodo	Éx
Levítico	Lev
Números	Núm
Deuteronomio	Dt
Libros históricos	
Josué	Jos
Jueces	Jue
Rut	Rut
1 Samuel	1 Sam
2 Samuel	2 Sam
1 Reyes	1 Re
2 Reyes	2 Re
1 Crónicas	1 Crón
2 Crónicas	2 Crón
Esdras	Esd
Nehemías	Neh
Tobías	Tob
Judit	Jdt
Ester	Est
1 Macabeos	1 Mac
2 Macabeos	2 Mac
Libros sapienciales y poéticos	
Job	Job
Salmos	Sal
Proverbios	Prov
Eclesiastés (Qohélet)	Ecl
Cantar de los Cantares	Cant
Sabiduría	Sab
Eclesiástico (Sirácida)	Eclo

Libros proféticos	
Isaías	Is
Jeremías	Jer
Lamentaciones	Lam
Baruc	Bar
Ezequiel	Ez
Daniel	Dan
Oseas	Os
Joel	Jl
Amós	Am
Abdías	Abd
Jonás	Jon
Miqueas	Miq
Nahúm	Nah
Habacuc	Hab
Sofonías	Sof
Ageo	Ag
Zacarías	Zac
Malaquías	Mal

NUEVO TESTAMENTO

Evangelios	
Mateo	Mt
Marcos	Mc
Lucas	Lc
Juan	Jn
Hechos de los Apóstoles	Hch
Corpus paulino	
Romanos	Rom
1 Corintios	1 Cor
2 Corintios	2 Cor
Gálatas	Gál
Efesios	Ef
Filipenses	Flp
Colosenses	Col
1 Tesalonicenses	1 Tes
2 Tesalonicenses	2 Tes
1 Timoteo	1 Tim
2 Timoteo	2 Tim
Tito	Tit
Filemón	Flm
Hebreos	Heb

Cartas católicas	
Santiago	Sant
1 Pedro	1 Pe
2 Pedro	2 Pe
Cartas de san Juan	
1 Juan	1 Jn
2 Juan	2 Jn
3 Juan	3 Jn
Judas	Jds
Apocalipsis	Ap

ABREVIATURAS HABITUALES

- Catecismo de la Iglesia católica .... CEC
- Compendio del Catecismo de la Iglesia católica .... Compendio del CEC
- Compendio de la Doctrina Social de la Iglesia .... Compendio de la DSI
- n.º .... Número
- n.os .... Números

ANEXO 3

Vocabulario

ALIANZA pacto que Dios hizo con Noé y Abraham, y que luego renovó solemnemente con Moisés en el monte Sinaí.

ATEÍSMO negación o rechazo de la existencia de Dios. Hay dos tipos de ateísmo: sistemático y pragmático.

BIEN COMÚN conjunto de condiciones de la vida social que permite a las comunidades y a cada uno de sus miembros conseguir plenamente su propia perfección.

BIENAVENTURANZA felicidad plena que Jesús dará a sus discípulos en el Reino de los Cielos. Se refiere también a cada una de las ocho bienaventuranzas predicadas por Jesús en una de las colinas próximas a Cafarnaúm. Con ellas, Jesús recoge las promesas hechas al pueblo elegido desde Abraham; pero las perfecciona ordenándolas no sólo a la posesión de una tierra, sino al Reino de los cielos.

CARIDAD virtud teologal que consiste en amar a Dios sobre todas la cosas y al prójimo como a uno mismo. Es el principal mandamiento de Jesús.

CARISMA don que el Espíritu Santo otorga a los fieles para la edificación de la Iglesia.

CELIBATO estado de vida en el que, por una opción libre, se permanece soltero.

DIGNIDAD HUMANA cualidad de la persona humana en cuanto que ser racional y libre y que posee, por sí mismo, desde su concepción.

DIVINA PROVIDENCIA conjunto de disposiciones por las que Dios conduce con sabiduría y amor a todas las criaturas a su fin último.

DOCTRINA SOCIAL DE LA IGLESIA (DSI) conjunto de enseñanzas morales que la Iglesia propone para que las relaciones sociales contribuyan al desarrollo del ser humano y de los pueblos.

ENCARNACIÓN hecho milagroso por el cual la segunda Persona de la Santísima Trinidad se hizo hombre en el seno de la Virgen María.

ESPERANZA virtud teologal que lleva a confiar en que Dios nos ayudará siempre en el camino de la salvación.

EUCARISTÍA sacramento de la presencia real de Jesucristo. Esta presencia eucarística de Jesús se hace realidad en la celebración de la Santa Misa, que es la renovación del sacrificio de la cruz.

FAMILIA comunidad de vida entre un hombre y una mujer, quienes se comprometen a amarse para toda la vida y a cooperar en la generación y la educación de los hijos.

FE virtud teologal, mediante la cual el ser humao se adhiere y acapta a Dios, tal y como él se ha revelado.

HEDONISMO procede del griego *hedoné* ('placer'). Es la doctrina o la actitud que reduce la felicidad humana al placer sensible, al que considera fin supremo de la vida.

HISTORIA DE LA SALVACIÓN desarrollo de las relaciones de Dios con los hombres y de estos con Dios, según se narra en la Biblia. Su cumbre es Jesucristo.

IGLESIA del griego *ekklesia* ('asamblea', 'congregación'). Pueblo de Dios que, con Jesucristo resucitado y guiado por el Espíritu Santo, camina hacia Dios Padre.

INALIENABLE que no puede venderse o cederse.

INDISOLUBILIDAD una de las propiedades esenciales del matrimonio. Consiste en que este entraña un vínculo permanente, que solo se extingue por la muerte de uno de los cónyuges.

MATRIMONIO unión indisoluble y abierta a la procreación entre un hombre y una mujer con el fin de formar una familia.

MESÍAS término hebreo que significa 'ungido'. Título aplicado a Jesucristo en cuanto salvador del mundo.

MISTERIO en el lenguaje teológico, es toda realidad espiritual que supera el ámbito de la experiencia sensible y que no puede entenderse solo con la razón.

MONOTEÍSMO doctrina que solo reconoce un Dios.

OBISPO sucesor de los Apóstoles que, en comunión con el Papa, anuncia el Evangelio y guía al Pueblo de Dios.

OBISPO DE ROMA el Papa que, como sucesor de Pedro, es cabeza del Colegio episcopal y pastor supremo de la Iglesia.

ORDEN uno de los siete sacramentos de la Iglesia católica, mediante el cual la misión confiada por Cristo a sus Apóstoles se sigue ejerciendo, hasta el fin de los tiempos: es, pues, el sacramento del ministerio apostólico. Comprende tres grados: el episcopado, el presbiterado y el diaconado.

PANTEÍSMO creencia filosófica que sostiene que la totalidad del universo es el único Dios.

PARÁBOLA relato sobre sucesos de la vida cotidiana que encierra una enseñanza profunda y espiritual.

PECADO palabra, acto o deseo contrario a la ley de Dios. En cuanto a su gravedad, se distingue entre pecado mortal y pecado venial.

POLIGAMIA matrimonio entre un hombre y varias mujeres.

POLITEÍSMO creencia en la existencia de varios o muchos dioses.

PROFETA persona elegida por Dios para hablar en su nombre al pueblo de Israel y para anunciar al Mesías Salvador.

RELIGIÓN procede del latín *religio* o *religare* ('religar' o 're-vincular') ya que nos vuelve a unir a Dios, del que estábamos separados. En general, se puede definir como la expresión, por parte de una persona o de un colectivo, de una actitud de reconocimiento de nuestra dependencia existencial respecto a la realidad suprema.

RESURRECCIÓN vuelta a la vida de alguien que ha muerto. Acción mediante la cual Jesucristo volvió a la vida por su propio poder después de su muerte en la cruz.

REVELACIÓN manifestación de Dios, mediante signos y palabras, de algunas verdades necesarias para la Salvación, que el hombre no puede conocer o que conoce con dificultad.

RITO conjunto de reglas por las que se rige una ceremonia, generalmente religiosa.

SANTIDAD perfección de la caridad; el Espíritu Santo hace santos a los que corresponden a sus llamadas.

SINAGOGA congregación religiosa de los judíos o casa en la que se reúnen para rezar y proclamar su doctrina.

SOLIDARIDAD virtud eminentemente cristiana que demanda la comunicación de bienes espirituales y materiales entre todos los hombres, de distintos pueblos y culturas. Impele a los hombres a ayudarse unos a otros en las necesidades.

SUBSIDIARIEDAD principio de justicia social según el cual, las sociedades de orden superior han de servir a los grupos más pequeños, pero no sustituirlos.

TENTAR instigar a hacer algo malo que supone una ofensa a Dios.

TRASCENDER superar o estar más allá de los límites de un ámbito concreto. Dios trasciende, es decir, rebasa, está más allá del universo que Él mismo ha creado.

UNGIR untar con aceite la cabeza, como signo de elección o de investidura para una misión. Las palabras *Cristo* y *Mesías* significan 'ungido de Dios'.

UTOPÍA doctrina o sistema optimista que aparece como irrealizable en el momento de su aplicación.

VIRTUD TEOLOGAL virtud infundida por Dios en el alma de los bautizados para hacerlos capaces de obrar como hijos suyos.

YAHVÉ nombre con el que los judíos del Antiguo Testamento se refieren a Dios. Dios mismo se denomina así en la Biblia (Éx 3, 14). Su sentido original en hebreo es 'Yo soy el que es y el que estará contigo'. Lo consideraban el nombre más sagrado y muestra la conciencia que el Pueblo de Israel tiene de la cercanía y cuidado de Dios para con ellos.

Editorial Casals, fundada en 1870

Libro aprobado por la Comisión Episcopal de Enseñanza y Catequesis el 18 de marzo de 2016.

Libro adaptado a la Resolución de 11 de febrero de 2015, por la que se publica el currículo de la enseñanza de Religión Católica de la Educación Primaria y de la Educación Secundaria Obligatoria.

Las actividades de este libro se proponen como modelos de ejercicios que cada alumno debe resolver en su libreta o cuaderno. En ningún caso debe realizarlas en el propio libro.

Este libro tiene una versión digital en ecasals.net, cuyo ISBN es 978-84-218-6155-4.

Coordinación editorial: M. Sáez, A. Julià
Diseño de cubierta: M. Puig
Diseño interior: Bassa i Trias
Maquetación: A. Ancochea
Fotografía: Álbum, Getty Images, Thinkstock, Wikimedia Commons
Revisión lingüística: M. J. Rueda Bernao
Asesor pedagógico: M. Cantos Aparicio, P. de la Herrán

Segunda edición: julio de 2017
ISBN: 978-84-218-6101-1
Depósito legal: B-8426-2016
Printed in Spain
Impreso en Índice, S. L.